Para

com votos de paz.

/ /

Alvaro Chrispino

SOBRE OVELHAS E LOBOS:
ALGUNS DESAFIOS DO MOVIMENTO ESPÍRITA

Salvador
1. ed. – 2019

©(2019) Centro Espírita Caminho da Redenção – Salvador, BA.
1. ed. (1ª reimpressão) – 2019
1.000 exemplares – (milheiros: 2.000)

Revisão: Lívia Maria Costa Sousa
    Adriano Mota Ferreira
Editoração eletrônica: Ailton Bosco
Capa: Cláudio Urpia
Montagem de capa: Marcus Falcão
Coordenação editorial: Lívia Maria Costa Sousa
Produção gráfica:
  LIVRARIA ESPÍRITA ALVORADA EDITORA
  Telefone: (71) 3409-8312/13 – Salvador (BA)
  Homepage: <www.mansaodocaminho.com.br>
  E-mail: <leal@mansaodocaminho.com.br>

Dados Internacionais de Catalogação na Publicação (CIP)
(Catalogação na fonte)
BIBLIOTECA JOANNA DE ÂNGELIS

C554	CHRISPINO, Alvaro. *Sobre ovelhas e lobos: alguns desafios do Movimento Espírita*. 1. ed. / Alvaro Chrispino. Salvador: LEAL, 2019. 238 p. ISBN: 978-85-8266-226-7 1. Espiritismo 2. Movimento espírita 3. Espíritas I. Chrispino, Alvaro II. Título CDD: 133.90

DIREITOS RESERVADOS: todos os direitos de reprodução, cópia, comunicação ao público e exploração econômica desta obra estão reservados, única e exclusivamente, para o Centro Espírita Caminho da Redenção. Proibida a sua reprodução parcial ou total, por qualquer meio, sem expressa autorização, nos termos da Lei 9.610/98.

Impresso no Brasil
Presita en Brazilo

SUMÁRIO

Introdução   7

1ª Parte: Os desafios que surgem do estudo do passado e de outras áreas do conhecimento   15

1º Desafio: Viver o Movimento Espírita como ação colaborativa (Para quem iremos?)   17
1 Introdução teórica   17
2 O Movimento Espírita como sistema   23
3 O Movimento Espírita e o pertencimento   31

2º Desafio: Construir a convergência entre o que sabemos e o que fazemos   35
1 Introdução teórica   36
1 O movimento millerista do século XIX   38
2 Os guardiões   39

3º Desafio: Quem escolher?   53
1 O Cristianismo nascente   53
2 Religião e repressão   59
3 O desenvolvimento das missões protestantes no século XIX   69
    3.1 A modernização no reinado de D. Pedro II   70
    3.2 A presença dos imigrantes norte-americanos no Brasil   71
    3.3 A relação entre a Igreja Católica e o Estado   72
    3.4 Problemas encontrados na implantação das missões protestantes no Brasil   75
4 A chegada do Espiritismo no Brasil   79
5 O Espiritismo no Brasil do século XIX   84
6 O contexto da mensagem de Kardec aos espíritas brasileiros   99

| Síntese parcial da primeira parte | 109 |

2ª PARTE: DESAFIOS QUE SURGEM DA E NA RELAÇÃO COM O MUNDO ESPIRITUAL — 127

4º Desafio: A relação com os benfeitores	137
5º Desafio: Construir o Espiritismo para esta hora!	143
6º Desafio: Diferenciar o "serviço da luz" e o "serviço do pão"	149
7º Desafio: Decidir a quem servimos: a nós ou a Jesus?	163
8º Desafio: A formação e manutenção de equipes de trabalho	175
9º Desafio: Retornar ao Mundo espiritual como quem cumpriu suas responsabilidades	181
10º Desafio: Conhecer as fragilidades que estão em nós	191
11º Desafio: Desenhar o próprio trajeto rumo à felicidade	211
Como se fosse conclusão: sobre ovelhas e lobos	221
Referências	227

Introdução

Enquanto o homem não se submeter aos dispositivos severos do Estatuto Divino, incorporando-os à conduta do quotidiano, do que decorrerá a sua harmonia interior em exteriorização de paz generalizada, e a cobiça como o egoísmo – cânceres odientos que ainda predominam – não se façam banidos da Terra; enquanto governos arbitrários, ambiciosos e enlouquecidos estruturarem os seus planos de expansão na vã loucura do predomínio sobre os povos mais fracos; enquanto as religiões, esquecidas do papel sublime do Crucificado, lutarem pela supremacia nos cenários do mundo, e a miséria moral, social e econômica estabelecerem a revolta de massas, produzindo o conciliábulo do crime com a insensatez, livros como este serão necessários.[1]

Victor Hugo

Os desafios do Movimento Espírita

O Movimento Espírita brasileiro ficou mobilizado com o teor da obra *Perturbações espirituais* (2015),[2] ditada pelo Espírito Manoel Philomeno de Miranda ao médium Divaldo P. Franco. Assim o Espírito apresenta a obra:

Este livro é um breve relato em torno do intercâmbio entre as duas esferas da vida, especialmente cuidando das perturbações espirituais resultan-

---

1. FRANCO, Divaldo Pereira; HUGO, Victor-Marie [Espírito]. **Párias em redenção**. 1. ed. Rio de Janeiro: FEB, 1971, p. 9.
2. FRANCO, Divaldo Pereira; MIRANDA, Manoel Philomeno de [Espírito]. **Perturbações espirituais**. 1. ed. Salvador: LEAL, 2015.

tes da suprema ignorância que se permitem os Espíritos infelizes, na sua luta inglória contra o Mestre Jesus e Sua doutrina.

De alguma forma, faz parte da série que iniciamos com o *Transição planetária*[3] e o *Amanhecer de uma nova era*,[4] abordando os **desafios modernos** em forma de obsessões coletivas e individuais, **especialmente nas sociedades espíritas sérias dedicadas à renovação da sociedade**, bem como nos agrupamentos humanos que se dedicam ao progresso e à felicidade das criaturas.

[...] Desejamos com a presente obra alertar os companheiros inadvertidos ou descuidados dos **deveres espirituais assumidos antes do renascimento carnal, quanto às suas responsabilidades morais na condição de trabalhadores da última hora**, comprometidos com os benfeitores da Humanidade que neles confiam. (FRANCO; MIRANDA, 2015, p. 9-10, grifos nossos).

Parece claro que a obra realça as ações premeditadas pelos Espíritos infelizes contra as sociedades espíritas dispostas a trabalhar pela difusão do Evangelho de Jesus na sua essência. O fato de existirem processos obsessivos alcançando encarnados não é informação nova, pelo contrário, está disseminado na Codificação Espírita e na esmagadora maioria das obras espíritas sérias.

Demonstrar que esses Espíritos infelizes atuam também como redes de colaboração, como organizações hierarquizadas e com alto padrão de especialidades também não deve nos surpreender, visto que está narrado em obras sérias

---

3. FRANCO, Divaldo Pereira; MIRANDA, Manoel Philomeno de [Espírito]. **Transição planetária**. 1. ed. Salvador: LEAL, 2010.

4.FRANCO, Divaldo Pereira. **Amanhecer de uma nova era**. 1. ed. Salvador: LEAL, 2012.

Sobre ovelhas e lobos: alguns desafios do Movimento Espírita

como *Libertação*,[5] de 1949, e *Nos bastidores da obsessão*,[6] de 1970, para ficarmos em apenas dois clássicos que tratam dos intrincados processos de obsessão coletiva patrocinados por organizações trevosas.

O que certamente surpreendeu os participantes do Movimento Espírita foi se perceberem focos de ataques destas organizações e, ao estudarem o livro, verem identificados os pontos de acesso das obsessões em suas matrizes emocionais e/ou comportamentais. Nossas fragilidades estão mapeadas e expostas.

Este fato – a fragilidade dos encarnados em geral, e dos espíritas em particular, visto ser o foco de nosso estudo atual – também não é novo. Se lido com olhos de estudo, e não somente como mais um romance espírita, *Os mensageiros*,[7] de 1944, está repleto de casos de trabalhadores espíritas que foram preparados anteriormente para as tarefas na atual encarnação e que falharam, não por falta de conhecimento ou suporte doutrinário espírita, mas sim pelas fragilidades da emoção que teimamos em não enfrentar, visando à necessária transformação. Esta obra será tratada necessariamente ao longo deste trabalho pela riqueza de casos que apresenta.

Também não seria surpresa para o Movimento Espírita o risco de companheiros esclarecidos pelas ideias espíritas ao longo da encarnação se apresentarem em lamentável estado moral quando recepcionados no Mundo espiritual após de-

---

5. XAVIER, Francisco Cândido; LUIZ, André [Espírito]. **Libertação**. 13. ed. Rio de Janeiro: FEB, 1987 [1949].
6. FRANCO, Divaldo Pereira; MIRANDA, Manoel Philomeno de [Espírito]. **Nos bastidores da obsessão**. 1. ed. Rio de Janeiro: FEB, 1970.
7. XAVIER, Francisco Cândido; LUIZ, André [Espírito]. **Os mensageiros**. 38. ed. Rio de Janeiro: FEB, 2002 [1944].

Alvaro Chrispino

sencarnar. Esse foi o móvel principal da obra *Tormentos da obsessão*,[8] de 2001, na qual é descrita a atividade do Espírito Eurípedes Barsanulfo no permanente socorro a espíritas falidos que aportam no Mundo espiritual. Escreve o autor espiritual Manoel Philomeno de Miranda:

> Como consequência dessa atitude enferma, **estão desencarnando muito mal** incontáveis trabalhadores das lides espíritas que, ao inverso, deveriam estar em condições felizes. O retorno de expressivo número deles ao Grande Lar tem sido doloroso e angustiante, conforme constatamos nas experiências vivenciadas em nossa Esfera de atividade fraternal e caridosa... **O silêncio em torno da questão já não é mais possível.** Por essa razão, anuímos que sejam trombeteadas as informações em torno da desencarnação atormentada de muito servidores da Era Nova em direção aos demais combatentes que se encontram no mundo, para que se deem conta de que desencarnar é desvestir-se da carne, libertar-se dela e das suas vinculações, porém, é realidade totalmente diversa e de mais difícil realização. (FRANCO; MIRANDA, 2001, p. 319-320, grifos nossos.)

Na análise que apresentam sobre esses fatos, os benfeitores apontam grave mudança na gênese dos problemas pelos quais passa o Movimento Espírita atual e a estratégia de ataques de que é vítima, solicitando reflexão do conjunto de seus integrantes. A observação está contida explicitamente em *Perturbações espirituais*:

---

8. FRANCO, Divaldo Pereira; MIRANDA, Manoel Philomeno de [Espírito]. **Tormentos da obsessão**. 1. ed. Salvador: LEAL, 2001.

> No passado, os desafios dos espíritas procediam do **mundo exterior**, sendo fáceis de percebidos e mesmo superados; na atualidade, porém, a crueza da perseguição é de **natureza interna**, na intimidade das próprias instituições, **por invigilância de alguns adeptos que não se permitem penetrar pelo conhecimento verdadeiro da doutrina**. (FRANCO; MIRANDA, 2015, p. 129, grifos nossos).

Somente essa informação justificaria o esforço de reunir em uma obra fatos e conhecimentos que promovessem alguma reflexão sobre o que acontece no Movimento Espírita. Por conta disso, buscamos reunir estudos e mensagens em 11 blocos, intitulados de "Desafios".[9] Em cada um deles há um tema central em torno do qual os Espíritos amigos e/ou estudiosos encarnados fazem apontamentos e desvelam realidades que nos pedem considerações. Nossa opção não é de uma obra autoral *stricto sensu*, por isso optamos por dar voz aos diversos autores encarnados e desencarnados que possam trazer contribuições ao tema.

Por tal, este trabalho é dirigido aos espíritas, acima de tudo aos espíritas que compõem e dão vida ao que chamamos de Movimento Espírita,

> [...] aqui entendido como a atividade humana organizada, por meio de ações, práticas e procedimentos, bem como pela criação de sistemas organizacionais, buscando difundir o Evangelho de Jesus na visão dos Princípios Espíritas resultantes da universalização dos

---

9. Alguns desses estudos foram apresentados em diversos seminários com trabalhadores espíritas ao longo dos anos, e os da parte segunda foram publicados em síntese em *A reencarnação*, ano LXXXII, n. 451, p. 61-76.

ensinos espíritas, conforme codificado por Allan Kardec. (CHRISPINO, 2014, p. 7).

As descrições apresentadas em *Perturbações espirituais* e outras obras do gênero também consultadas são preocupantes, visto que assentam nas fragilidades pessoais e de relação daqueles que se dispõem a servir o Evangelho Novo. Fragilidades essas que existem desde antes – como identificado nos meios religiosos e nos estudos oriundos das ciências sociais e humanas – e continuam, na atualidade, a oferecer riscos aos encarnados.

Conhecedores que somos das oportunidades de servir como chance de promoção de autoaprendizado e autoconhecimento na nova encarnação, precisamos trazer essas discussões para o dia a dia das instituições espíritas, a fim de desvelar o conflito, fazendo com que possamos preparar-nos para as investidas que se repetem.

Somos aqueles a quem Jesus confiou tarefas de renovação pessoal e coletiva por meio do conhecimento do Evangelho e sua difusão. Somos as ovelhas indicadas no Evangelho de Mateus (10:16): "Observai! Eu vos envio **como ovelhas entre os lobos**. Por isso, sede prudentes como as serpentes e sem malícia como as pombas".

O que não podemos esquecer é que somos enviados como ovelhas, mas temos vivido ao longo dos tempos como lobos, e o que sabemos fazer mais nos aproxima dos *lobos*, não das *ovelhas*. Sobre isso, o Espírito Bezerra de Menezes, no livro intitulado *Transtornos psiquiátricos e obsessivos*,[10] adverte que "Jesus nos enviou como **ovelhas mansas ao meio**

---

10. FRANCO, Divaldo Pereira; MIRANDA, Manoel Philomeno de [Espírito]. **Transtornos psiquiátricos e obsessivos**. 1. ed. Salvador: LEAL, 2008.

de lobos esfaimados, não admitindo a hipótese de nos tornarmos lobos também" (p. 241, grifos do original).

Então, somos aqueles que transitamos *entre ovelhas e lobos*, ora atendendo como *ovelhas* ao chamado de Jesus, ora deixando-nos levar pelo passado como *lobos*.

Somos *ovelhas* quando nossos corações se sensibilizam pelo chamado de Jesus e reconhecemos no próximo o caminho do aprendizado da paz. Nesse momento, a Lei de Afinidade nos permite conexões que nos fortalecem e impulsionam na trajetória previamente planejada.

Somos *lobos* quando reproduzimos as mesmas práticas de antes no campo religioso, deixando-nos levar pelo personalismo, pela busca do poder, pelos interesses de grupos diversos, pela interpretação interessada e enviesada dos textos libertadores. Também, nesse momento, somos acolitados por Espíritos do mesmo teor que nos motivam a novamente escolher Barrabás, e não Cristo, visto que "não somos estranhos peregrinos nestas sendas redentoras, mas antigos dilapidadores da palavra da fé", como informa o Espírito Eurípedes Barsanulfo.[11]

O tema em estudo é complexo, e permite muitas percepções e trajetórias de estudo. Desde já, esclarecemos que este texto é um recorte possível da realidade, com a intenção de estudar e refletir a partir da literatura escolhida de forma intencional, dada a amplidão de títulos e abordagens disponíveis. É uma contribuição que se soma a tantas outras possíveis. Longe de ser *verdade acabada*, é um convite à reflexão.

Vamos, pois, tratar das dificuldades do Movimento Espírita – e do grave momento pelo qual passa –, utilizando-nos

---

11. FRANCO, Divaldo Pereira [por diversos Espíritos]. **Sol de esperança**. 5. ed. Salvador: LEAL, 2016, p. 109.

dos alertas encontrados nas diversas obras espíritas e não espíritas que estão ao nosso alcance, que podem ser sintetizados pela fala de Bezerra de Menezes:

> Se não somos capazes de conviver com aqueles que também abraçam nossos ideais e trabalham conosco, porque divergimos num ou noutro ponto, como pretendemos transformar a Terra em um mundo feliz, se não nos transformamos para melhor nem somos felizes? (FRANCO; MIRANDA, 2008, p. 241).

Alvaro Chrispino
Junho de 2019.

1ª Parte:

Os desafios que surgem do estudo do passado e de outras áreas do conhecimento

1º Desafio:
Viver o Movimento Espírita como Ação Colaborativa
(Para quem iremos?)

> *Então disse Jesus aos doze:*
> *Porventura vós também quereis partir?*
> *Respondeu-lhe Simão Pedro:*
> *Senhor, a quem iremos?*
> *Tens palavras de vida eterna.*
>
> João, 6:67-68[1]

1 Introdução teórica

No capítulo introdutório à obra *Religiões em movimento – o Censo de 2010*, Clara Mafra (2013)[2] informa a longevidade dos números sobre religião nos censos brasileiros, esclarecendo "que a série que começa em 1872 tem um breve intervalo entre 1920 e 1930, e segue contínua até os dias de hoje" (p. 37).

---

1. As citações do *Antigo Testamento* e as Cartas do *Novo Testamento* foram extraídas da *Bíblia de Jerusalém*, São Paulo, Edições Paulinas, 6ª impressão, abril de 1993. As citações dos quatro livros do *Novo Testamento* e *Atos dos Apóstolos* foram extraídas de *O Novo Testamento*, tradução de Haroldo Dutra Dias, Brasília, FEB, 2013. O autor respeitará as citações contidas nos textos originais utilizados nos textos diversos.

2. MAFRA, Clara. *O que os homens e as mulheres podem fazer com os números que fazem coisas*. In: TEIXEIRA, Faustino; MENEZES, Renata (Orgs.). **Religiões em movimento – o Censo de 2010**. 1. ed. Petrópolis: Editora Vozes, 2013.

Alvaro Chrispino

A autora recupera uma entrevista[3] de José Casanova, sociólogo que estuda as relações entre Estados e tradições religiosas, na qual ele diz que:

> [...] o Brasil se converteu em um centro mundial de catolicismo global, de pentecostalismo global e de movimentos afro-americanos globais. O Brasil está surgindo como uma potência econômica global, mas também como uma potência religiosa. (MAFRA, 2013, p. 45).

Daí começamos a perceber que o tema tem valor para futuros estudos e desdobramentos sociais. Para Bernardo Lewgoy,[4] responsável pelo capítulo que trata de Espiritismo na mesma obra, os dados do censo produzem um "quadro religioso histórico e macrossociológico do campo religioso do país, cujo valor interpretativo central traduz-se num mapa genérico e numa curva histórica" (Lewgoy, 2013, p. 195) e conclui que:

> Este não mede múltiplas pertenças nem práticas religiosas não identitárias, muito menos sincretismos pouco visíveis, como os frequentemente encontrados em religiões mediúnicas, especialmente as de matriz africana. (LEWGOY, 2013, p. 195).

Isso aponta lacunas de estudo motivadas por práticas já identificadas.

A seguir, apresentamos os números da série histórica que demonstram o crescimento daqueles que, quando consultados pelo recenseador com a pergunta "qual a sua religião?", respondem: espírita.

---

3. IstoÉ, 13/03/2012.
4. LEWGOY, Bernardo. *A contagem do rebanho e a magia dos números: notas sobre o espiritismo no Censo de 2010*. In: TEIXEIRA, Faustino; MENEZES, Renata (Orgs.). **Religiões em movimento – o Censo de 2010**. 1. ed. Petrópolis: Editora Vozes, 2013.

CENSO Brasil	1940	1950	1960	1970	1980	1991	2000	2010
Brasil Espírita	463.400	824.553	977.561	1.178.293	1.538.230	2.292.819	2.262.401	3.848.876

Fonte: http://seriesestatisticas.ibge.gov.br/series.aspx?vcodigo=POP60

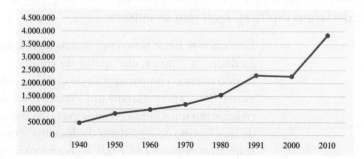

Percebe-se uma curva crescente entre aqueles que se declaram espíritas, com uma variação de crescimento no Censo de 1991, para em seguida voltar a crescer de forma intensa. O quadro a seguir demonstra a diferença da população por grupos religiosos e indica o grupo dos espíritas como aquele que mais cresceu sobre os próprios números (70,12%), considerando os Censos de 2000 e 2010, enquanto a população brasileira cresceu 12,29%.

Quadro 1: Participação das religiões e sua taxa de crescimento (Censos de 2000 e 2010)

Grupos de Religião	População			Participação (%)		
	2000	2010	Variação (%)	2000	2010	Variação
Católicas	125.518.774	123.972.524	-1,23	73,89	64,99	-12,04
Evangélicas	26.184.941	42.275.440	61,45	15,41	22,16	43,77
Espíritas	2.262.401	3.848.876	70,12	1,33	2,02	51,50
Judaísmo	86.825	107.329	23,62	0,05	0,06	10,08
Budismo	214.873	243.966	13,54	0,13	0,13	1,11
Islamismo	27.239	35.167	29,11	0,02	0,02	14,97
Umbanda	397.431	407.331	2,49	0,23	0,21	-8,73
Candomblé	127.582	167.363	31,18	0,08	0,09	16,82
Outros	2.560.387	4.362.294	70,38	1,51	2,29	51,72
Sem Religião	12.492.403	15.335.510	22,76	7,35	8,04	9,32
Total	169.872.856	190.755.799	12,29	100,0	100,0	-

Fonte: o autor a partir de dados do IBGE

Recentes estudos de Farias *et al.* (2017)[5] sobre os Censo de 1991, 2000 e 2010 informam que os espíritas possuem alta faixa etária e são o grupo religioso com maior escolaridade (conforme já havia sido registrado por Lewgoy, 2013; Jacob, 2003). Sobre o crescimento do número daqueles que se declaram espíritas, escrevem os autores:

> Destacam-se nesse novo contexto os seguidores da doutrina espírita, que apesar do volume reduzido quando comparados ao de católicos e de evangélicos, apresentaram um maior ritmo de crescimento nos últimos 30 anos. As taxas anuais de crescimento de seguidores da doutrina foram respectivamente 3,6% e 5,4% ao ano para os períodos 1991/2000 e 2000/2010, representando um incremento de 2.204.534 pessoas durante o período observado. (FARIAS et al., 2017, p. 8).

Lewgoy atribui esse crescimento acentuado a:

> [...] exitosas ações institucionais de proselitismo da parte das lideranças espíritas, no qual o papel das produções cinematográficas em torno da vida e da obra do médium Chico Xavier tem considerável papel. (LEWGOY, 2013, p. 198).

Além da:

> [...] inédita campanha da Federação Espírita Brasileira para a autodeclaração como "kardecistas" no Censo – e não mais sem religião ou inerciamente católicos nominais, como antes, assim como sua articulação com representantes do IBGE, de modo

---

5. FARIAS, L. A. et al. **Tão ricos e tão escolarizados? O perfil sociodemográfico dos espíritas no Brasil**. Campinas, SP: Núcleo de Estudos de População "Elza Berquó". Textos NEPO 80: Unicamp, 2017.

a acordar as diversas categorias que poderiam ser oferecidas para identificação da opção "espírita" na resposta ao recenseador. (LEWGOY, 2013, p. 198).

Ao estudar as possíveis explicações para esse fenômeno de crescimento vertiginoso, Lewgoy informa que o Espiritismo passou de:

> [...] minoria religiosa perseguida para alternativa religiosa legítima [...] a partir de uma doutrina que se pretende simultaneamente científica e religiosa. [...] Nele se constata uma grande circulação de pessoas não espíritas em centros espíritas e, de outro lado, uma grande circulação de crenças espíritas em espaços não espíritas.
>
> O espiritismo é exatamente a religião do meio, a que olha para o avanço científico, mas prega a moral cristã, que acredita nos benefícios da tecnologia, porém se emociona com a mensagem psicografada da mãe falecida. Por isso, apesar de sua recente internacionalização, ele é tão bem ambientado em terras brasileiras. (LEWGOY, 2013, p. 199).

Essas são as análises apresentadas por Lewgoy ao avaliar os números sobre os espíritas no Censo de 2010. Lewgoy, que é antropólogo e professor da UFRGS, é autor de inúmeros artigos e livros sobre Espiritismo, espíritas e sobre Chico Xavier, e apresenta suas posições do lugar de onde fala: a academia. Pode-se dizer que ele fala de um lugar que não lhe permite conhecer a intimidade e a dinâmica da ação espírita, o que é verdade. Por outro lado, por não estar envolvido na atividade do Movimento Espírita, tem sobre ele um olhar mais imparcial, o que pode contribuir para provocações que nos levem a reflexões proveitosas. Até porque o Movimento Espírita ainda não transformou o tema *Movimento Espírita* em objeto de seus estudos. Se o fizesse, poderia debruçar-se sobre os números dos censos e refletir sobre os sentidos e significados dos números que tratam da distribuição por faixas etárias, por cor/raça, por níveis de instrução, por renda *per capta* etc. Enquanto isso não ocorre, dependeremos da análise de terceiros interessados para conhecermos um pouco mais sobre nós mesmos.[6] O Movimento Espírita não se estuda com o olhar de uma "Sociologia do Movimento Espírita", e talvez por isso cometa equívocos que poderiam ser evitados se conhecesse o que se tem produzido sobre a sociologia da religião e sobre os comportamentos religiosos registrados na História.[7]

O crescimento acentuado daqueles que se dizem espíritas quando consultados e a grande circulação de não espíritas nas casas espíritas, como indicou Lewgoy, faz-nos refletir sobre a necessidade de organizar as ações a fim de atender a todos esses perfis de forma que o Movimento Espírita alcance sua real finalidade, que é a divulgação do Evangelho de Jesus pela ótica espírita em seu tríplice aspecto: Ciência, Filosofia e Religião.

Não é razoável imaginar que uma Casa Espírita conseguirá dar conta desta tarefa, nem muitas casas espíritas agindo isoladamente. Daí nasce, por necessidade racional, a

---

6. CHRISPINO, A.; TORRACCA, J. F. *O perfil dos espíritas gaúchos a partir dos Censos de 2000 e 2010*. **A Reencarnação**, v. LXXX, p. 54-71, 2015.

7. Este trabalho busca provocar a discussão sobre a necessidade de estabelecer-se o tema *Movimento Espírita* como objeto de estudo dos espíritas e, para isso, apresenta estudos gerais também provocativos, esperando o dia que virá em que se possa trazer contribuições mais especializadas (como de Pierre Bourdieu, Peter Berger e Tomas Luckmann) e dos modernos autores da sociologia das religiões (a exemplo de Jean-Paul Willaime e Roberto Cipriani, entre outros).

ideia de Movimento Espírita organizado por meio dos chamados órgãos de Unificação.

Em outras palavras, deixamos de ver as casas espíritas como pontos isolados para requerer a visão de um Movimento Espírita como sistema, em que cada Casa Espírita é o elemento que lhe dá existência e dinamiza suas ações.

2 O Movimento Espírita como sistema

Podemos imaginar que entre aqueles que, quando perguntados pelos responsáveis pelo Censo do IBGE "qual a sua Religião", responderam "espírita", há um incontável número de perfis. Há aquele que buscava a informação espírita e dedicou-se a ler as obras na intimidade de sua casa, tornando--se um autodidata e interpretando as ideias espíritas da forma que lhe é possível; há outros que identificaram a necessidade de refletir sobre as ideias espíritas e buscaram locais onde os espíritas se reúnem para, ao longo do tempo, ouvir ensinamentos; há aqueles que, visitados pela dor e pelas questões morais de toda ordem, necessitam falar e ouvir, na esperança de entender a origem de suas dores; há os que se percebem ansiosos por trabalhar em favor de outrem e necessitam de espaços organizados onde se dedicam a este mister.

Todos encontraram o que buscam, quer sozinhos, quer em espaços organizados. Os que desejam instruir-se numa jornada pessoal poderão fazê-lo, mas aqueles que buscam auxílio para as suas dores, espaço para o exercício da caridade e para o aprendizado em regime colaborativo, estes necessitam de organizações que lhes permitam encontrar as condições para realizarem o que buscam. Para estes percebemos a necessidade da existência de casas espíritas organizadas.

Certamente haverá uma diversidade esperada de modelos e dinâmicas no grande universo de instituições espíritas, afinal elas resultam do coletivo de espíritas e são consequência da média de pensamentos, crenças, interesses e percepções possíveis de seus fundadores e dirigentes. Se há indivíduos espíritas com interpretações diferentes – como já vimos até aqui –, há também coletivos diferenciados, resultantes de suas histórias e possibilidades interpretativas, que atendem ou atraem perfis diferenciados de frequentadores das casas espíritas.[8]

Parece que Allan Kardec já vislumbrava essas diferenças e as buscas distintas das criaturas quando escreveu, em *O Livro dos Médiuns*, sobre a maneira de se formarem as sociedades espíritas:

> O Espiritismo, que apenas acaba de nascer, ainda é **diversamente apreciado** e muito **pouco compreendido em sua essência**, por grande número de adeptos, de modo a **oferecer um laço forte que prenda entre si os membros do que se possa chamar uma Associação**, ou Sociedade. Impossível é que semelhante laço exista, a não ser entre os que lhe **percebem o objetivo moral, o compreendem e o *aplicam a si mesmos***. Entre os que nele veem fatos mais ou menos curiosos, nenhum laço sério pode existir. **Colocando os fatos acima dos princípios, uma simples divergência, quanto à maneira de os considerar, basta para dividi-los.** O mesmo já não se dá com os primeiros, porquanto, acerca da questão moral, **não pode haver duas maneiras de encará-la**. Tanto assim que, onde quer que

---

8. Sobre os diferentes perfis que chegam à Casa Espírita, veja a mensagem *Definindo rumos,* contida em: FRANCO, Divaldo Pereira; ÂNGELIS, Joanna de [Espírito]. **No rumo da felicidade**. 1. ed. Santo André: Editora EBM, 2000.

eles se encontrem, **confiança mútua os atrai uns para os outros e a recíproca benevolência,** que entre todos reina, exclui o constrangimento e o vexame que nascem da suscetibilidade, do orgulho que se irrita à menor contradição, do egoísmo que tudo reclama para a pessoa em quem domina.

Uma Sociedade, onde aqueles sentimentos se achassem partilhados por todos, onde os seus componentes se reunissem com o propósito de se instruírem pelos ensinos dos Espíritos, e não na expectativa de presenciarem coisas mais ou menos interessantes, ou para fazer cada um que a sua opinião prevaleça, **seria não só viável, mas também indissolúvel.** A dificuldade, ainda grande, de reunir crescido número de elementos homogêneos deste ponto de vista, nos leva a dizer que, **no interesse dos estudos e por bem da causa mesma, as reuniões espíritas devem tender antes à multiplicação de pequenos grupos** do que à constituição de grandes aglomerações. Esses grupos, **correspondendo-se entre si, visitando-se, permutando observações, podem, desde já, formar o núcleo da grande família espírita, que um dia consorciará todas as opiniões e unirá os homens por um único sentimento: o da fraternidade, trazendo o cunho da caridade cristã.** (Cap. XXIX, item 334, grifos nossos).

Além disso, ao caracterizar o Espiritismo e diferenciá-lo das Revelações anteriores, escreve ele em *O Evangelho segundo o Espiritismo*:

O Espiritismo é a terceira revelação da Lei de Deus, mas não tem a personificá-la nenhuma individualidade, porque é fruto do ensino dado,

Alvaro Chrispino

> não por um homem, sim pelos Espíritos, que *são as vozes do Céu*, em todos os pontos da Terra, com o concurso de uma multidão inumerável de intermediários. **É, de certa maneira, um ser coletivo, formado pelo conjunto dos seres do mundo espiritual**, cada um dos quais traz o tributo de suas luzes aos homens, para lhes tornar conhecido esse mundo e a sorte que os espera. (Cap. I, item 6, grifos nossos).

Nesses textos, Kardec nos oferece diversos pontos de reflexão sobre todas as etapas que compõem a formação do Movimento Espírita. Inicia escrevendo que a Associação ou Sociedade Espírita deve resultar de membros que se prendam por laços resultantes da compreensão da essência do Espiritismo, diferenciando-se daqueles que apenas apreciam o Espiritismo de forma diversa. Considerando-se esta anotação, pode-se esperar diferentes tipos de associações espíritas a partir das motivações de sua fundação: se seus membros estão unidos, estão por qualidade de laço – da compreensão ou das diversas maneiras de apreciar o Espiritismo. Daí podermos dizer que o Espiritismo é, de certa maneira, um ser coletivo.

Mais adiante, ele esclarece que os laços fortes existirão somente entre aqueles que percebem o objetivo moral da Instituição, o compreendem e o aplicam a si mesmos, diferenciando-se daqueles que colocam os fatos e a curiosidade acima dos princípios. Nesses casos, qualquer discordância na maneira de interpretar os fatos provoca divergência. Insiste que não pode haver duas maneiras de interpretar a questão moral, resultante do estudo do Espiritismo, e declara que a confiança mútua e a benevolência entre os membros das instituições tornam os laços indissolúveis.

Mais diante, realça que o estudo em pequenos grupos deve valorizar o interesse de aprendizado e o bem da causa espírita. Chama a atenção para a dinâmica que deve ocorrer no Movimento Espírita ao propor que esses grupos se correspondam entre si e se visitem para permutar observações, a fim de formar o "núcleo da grande família espírita", unidos pela fraternidade e baseado na caridade cristã. A Figura 1 parece representar bem a rede de relações que deve imperar entre as casas espíritas.

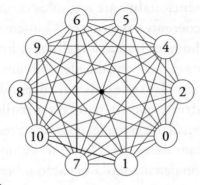

Figura 1

A partir dessas reflexões, podemos entender melhor as palavras do *Espírito de Verdade* em *O Evangelho segundo o Espiritismo*:

> Ditosos os que hajam dito a seus irmãos: "Trabalhemos juntos e unamos os nossos esforços, a fim de que o Senhor, ao chegar, encontre acabada a obra", porquanto o Senhor lhes dirá: "Vinde a mim, vós que sois bons servidores, vós que soubestes impor silêncio aos vossos ciúmes e às vossas discórdias, a fim de que daí não viesse dano para a obra!" Mas, ai daqueles que, por

Alvaro Chrispino

efeito das suas dissensões, houverem retardado a hora da colheita, pois a tempestade virá e eles serão levados no turbilhão! (Cap. XX, item 5).

Por conta desta proposta de trabalho em conjunto entre espíritas e instituições espíritas, que existe desde a primeira hora do Espiritismo, queremos propor que o Movimento Espírita seja visto e analisado como um sistema. Mas o que é sistema?

Um sistema é a união de vários elementos (unidades do sistema) **intencionalmente reunidos** de modo a formar um **conjunto coerente e operante**. "O sistema implica uma **ordem que o homem impõe à realidade**. Entenda-se, porém, não se trata de criar a realidade" (Saviani, 1996, p. 82).

Parece ficar claro que o **sistema depende do conjunto que o constrói** e que **ele não cria a realidade** em que se insere. Ele busca, na verdade, intervir na realidade na direção e velocidade desejadas. O sistema cumprirá seu papel quanto mais competente seja a sua ação sobre a realidade e quanto mais intensa for a transformação dessa realidade no sentido da intencionalidade que dá origem ao sistema. O conhecimento da realidade e o que se deseja como resultado são condições para o sucesso do sistema.

Não se deve confundir sistema (coerente e intencional) com estrutura, pois que esta última é destituída de intencionalidade. O prédio da Casa Espírita é a estrutura, mas a unidade do sistema são seus integrantes (pessoas que dão coerência e intencionalidade). A unidade vital do sistema é a Casa Espírita em essência, não o prédio em que ela opera.

Como unidades do sistema situadas em realidades locais diferenciadas, é esperado que as casas espíritas tenham características próprias a fim de atender às próprias histórias de fundação, a resultante do conjunto de seus fundadores e trabalhadores e a comunidade onde se baseiam. Na mesma lógica, é necessário que, apesar das diferenças próprias, elas se reúnam a partir de um núcleo de princípios que serve de convergência, de guia, de norte. Se elas estivessem em pontos diferentes de um mapa (sua singularidade), a convergência seria uma cidade onde se pactuou chegar, e cada uma delas faria seu trajeto na direção da cidade-convergência.

Na Figura 2, a convergência é o centro do círculo que possui a mesma cor (convergência), mas a parte mais externa é base onde se situa a Casa Espírita (singularidade), o espaço entre a singularidade e a convergência é o trajeto que cada uma delas realiza para tornar-se parte do sistema (Movimento Espírita). Na imagem que propomos da viagem, a cada dia de viagem na direção da convergência, ela

Figura 2: Singularidade, trajeto e **convergência.**

se aproxima mais e se identifica mais com outras casas que, no seu trajeto próprio, também se aproximam da cidade--convergência.

Para a conclusão deste item, busquemos a palavra de Bezerra de Menezes[9] sobre esses assuntos, na qual o benfeitor toca nos aspectos elencados na proposta de organização das ações do Movimento Espírita:

> [...] Vivemos, como de todos é sabido, o momento máximo da grande transição que se aproxima e na qual já nos encontramos.
>
> Hora de demolição de antigos valores, em que a ética se apresenta enlouquecida, o Cristo de Deus ressurge da história do passado para comandar os destinos do homem, através dessas bases augustas que constituem a certeza última da vida: a imortalidade, a reencarnação – expressando a Divina Justiça –, o conhecimento que liberta e o amor que santifica.
>
> Sobre vós, as **graves responsabilidades do nosso Movimento na Pátria do Cruzeiro**. Como é verdade que vivemos um **clima de liberdade doutrinária**, não menos verdade é que a **identidade de princípios deve ser a viga mestra que nos una, para que possamos trabalhar com perfeito entendimento de objetivos, deixando à margem a contenda inútil, as lutas infrutíferas, para trabalharmos em diálogos fraternos na consecução das metas que todos perseguimos**. (FRANCO; MENEZES, 1991, p. 107-108, grifos nossos).

---

9. FRANCO, Divaldo Pereira; MENEZES, Bezerra de [Espírito]. **Compromissos iluminativos**. 1. ed. Salvador: LEAL, 1991, cap. 32 – Ante a unificação.

3 O Movimento Espírita e o pertencimento

Arme-se a vossa falange de decisão e coragem! Mãos à obra! o arado está pronto; a terra espera; arai! Ide e agradecei a Deus a gloriosa tarefa que Ele vos confiou; mas, atenção! entre os chamados para o Espiritismo muitos se transviaram; reparai, pois, vosso caminho e segui a verdade.[10]

Erasto

Há uma conhecida frase de Paulo (I Co, 14:8), muitas vezes utilizada nos estudos do Movimento Espírita, que diz: "E, se a trombeta emitir um som confuso, quem se preparará para a guerra?". Sobre esse versículo, escreve Morris:[11]

Assim também no domínio militar. A trombeta transmite as vozes de comando do chefe a homens que estão longe dele. Mas é de primordial importância que a trombeta seja tocada de modo que seja entendida. Se o som for incerto, o toque da trombeta terá falhado em seu propósito. (MORRIS, 2005, p. 155).

Percebe-se que o uso da trombeta solicita alguns pré-requisitos sem os quais ela não cumpre sua função primordial. A trombeta **transmite as vozes de comando** aos demais membros do sistema. Logo, é indispensável que as lideranças sejam reconhecidas como tal em processo de legitimação, para que, quando for tocada a trombeta, seja reconhecida como sinal da liderança. A trombeta toca da convergência *para* e *na* direção das singularidades.

---

10. *O Evangelho segundo o Espiritismo*, cap. XX, item 4.
11. MORRIS, Leon. **I Coríntios – introdução e comentário**. 1. ed. São Paulo: Edições Vida Nova, 2005.

É indispensável que **a trombeta seja tocada de modo a ser entendida**, e isso pressupõe que haja um sistema de códigos preestabelecido. Quem toca sabe por que toca, e quem ouve sabe o que está ouvindo, porque resulta de ajuste prévio nos códigos comuns. Essa comunicação pressupõe planejamento anterior e identidade de propósitos.

Se o toque não atender a esses princípios ou os membros não reconhecerem o sentido e o significado do toque, "a trombeta terá falhado em seu propósito".

Para não acharmos que tal reflexão em torno dos códigos estabelecidos nos meios religiosos é recente, vamos resgatar a origem das trombetas assinaladas por Paulo, que está contida no livro de *Números*[12] (10:1-8):

> As trombetas
>
> 10:1 – *Yahweh* falou a Moisés e disse:
>
> 10:2 – "Faze para ti duas trombetas de prata; tu as fará de prata batida. Servir-te-ão para convocar a comunidade e para dar o sinal de partida aos acampamentos.
>
> 10:3 – Quando ambas soarem, toda a comunidade se reunirá junto de ti, à entrada da Tenda da Reunião.
>
> 10:4 – Mas se soar apenas uma das trombetas, serão os príncipes, os chefes dos milhares dos filhos de Israel que se reunirão junto a ti.
>
> 10:5 – Quando o soar da trombeta for acompanhado de aclamações, partirão os acampamentos estabelecidos ao oriente.
>
> 10:6 – Ao soarem, pela segunda vez, acompanhadas de aclamações, partirão os acampamentos

---

12. O livro de *Números* (Nm) é o quarto livro do *Antigo Testamento*. Seu nome se relaciona com os censos de Israel, e é conhecido como *O Livro das Peregrinações de Israel*.

estabelecidos ao sul. Para a partida, o soar será acompanhado de aclamações.

10:7 – Mas para reunir a assembleia, o soar será sem aclamações.

10:8 – Os filhos de Aarão, os sacerdotes, tocarão as trombetas; isso será para vós e para os vossos descendentes um estatuto perpétuo.

10:9 – Quando, no vosso país, tiverdes de partir para a guerra contra um inimigo que vos oprime, tocareis as trombetas com fragor e aclamações: a vossa lembrança será evocada diante de *Yahweh*, vosso Deus, e sereis salvos dos vossos inimigos.

10:10 – Nos vossos dias de festas, solenidades ou neomênias, tocareis as trombetas nos vossos holocaustos e sacrifícios de comunhão, e elas vos serão como memória diante do vosso Deus. Eu sou *Yahweh* vosso Deus."

Parece que tem origem remota o uso das trombetas com os fins de aglutinar e orientar as partes de um sistema. Na passagem de *Números*, *Yahweh* diz a Moisés quantas trombetas ele deve fazer (duas), diz o material que deve se utilizar para fazê-las (prata batida), para logo depois estabelecer os códigos de contato com cada segmento da comunidade: toda a comunidade (quando ambas soarem), os príncipes/chefes (apenas uma), comunidades do Oriente (um toque da trombeta acompanhado de aclamações), comunidades do Sul (dois toques da trombeta acompanhado de aclamações) e partir contra o inimigo que os oprime (as duas trombetas com fragor e aclamações). Por fim, define quem pode tocar as trombetas (os filhos de Aarão, os sacerdotes e seus descendentes).

A questão que se levanta é se há um similar das trombetas para emitir códigos para o Movimento Espírita, e, caso existam, se os códigos cumprem seu papel?

Os elementos formadores do Movimento Espírita conhecem a missão estabelecida para ele? Ajustaram as regras de convivência diante dos objetivos e princípios norteadores? Esses elementos formadores servem ao propósito estabelecido ou servem aos próprios interesses travestidos de "liberdade de fazer"?

A grande pergunta é: a quem servem as casas espíritas e a quem serve o Movimento Espírita?

E, na conclusão deste tema, resgatamos a passagem do Evangelho que inaugura este item e que está contida no Sermão do Pão da Vida – logo após Jesus oferecer aos milhares de seguidores o "milagre da multiplicação de pães e peixes", o que resulta na sua ovação pública –, na qual diz: "Eu sou o Pão da Vida", e indica os sacrifícios solicitados aos seus seguidores. O Evangelho informa que muitos O abandonaram, na chamada *crise de Cafarnaum*, após ouvirem as condições apresentadas. Ao final, Jesus se dirige aos doze, provocando a resposta de Pedro, que esperemos seja a nossa quando chegar nossa vez de responder:

> Então disse Jesus aos doze:
> "Porventura vós também quereis partir?"
> Respondeu-lhe Simão Pedro:
> "Senhor, a quem iremos?
> Tens palavras de vida eterna."
>
> João, 6:67-68

2º DESAFIO:

CONSTRUIR A CONVERGÊNCIA ENTRE O QUE SABEMOS E O QUE FAZEMOS

7:14 – Sabemos que a Lei é espiritual; mas eu sou carnal, vendido como escravo ao pecado.

7:15 – Realmente não consigo entender o que faço; pois não pratico o que quero, mas faço o que detesto.

7:16 – Ora, se faço o que não quero, eu reconheço que a Lei é boa.

7:17 – Na realidade, não sou mais eu que pratico a ação, mas o pecado que habita em mim.

7:18 – Eu sei que o bem não mora em mim, isto é, na minha carne. Pois o querer o bem está ao meu alcance, não, porém, o praticá-lo.

7:19 – Com efeito, não faço o bem que eu quero, mas pratico o mal que não quero.

7:20 – Ora, se eu faço o que não quero, já não sou eu que estou agindo, e sim o pecado que habita em mim.

7:21 – Verifico pois esta lei: quando eu quero fazer o bem, é o mal que se me apresenta.

7:22 – Eu me comprazo na lei de Deus segundo o homem interior;

Alvaro Chrispino

*7:23 – mas percebo outra lei em meus membros,
que peleja contra a lei da minha razão e que me
acorrenta à lei do pecado que existe em meus
membros.
7:24 – Infeliz de mim! Quem me libertará deste
corpo de morte?
7:25 – Graças sejam dadas a Deus, por Jesus
Cristo Senhor nosso. Assim, pois, sou eu mesmo
que pela razão sirvo à lei de Deus e pela carne à
lei do pecado.*[1]

1 Introdução teórica

Leon Festinger,[2] em 1951, é convidado pela Fundação Ford a fazer uma aproximação de teorias que buscassem explicar muitas pesquisas acerca da comunicação e influência social. Entre os muitos casos que estudou, Festinger relata a importância do estudo sobre os boatos disseminados no local do terremoto na província indiana de Bihar e Nepal, em 15 de janeiro de 1934. Diz que grande parte dos boatos predizia catástrofes ainda maiores do que aquela que os havia atingido. Ao final, Festinger propõe que as pessoas que viviam a ansiedade natural do desastre se deixavam envolver por notícias e boatos que fossem "justificadores de ansiedade" e escreve que "talvez esses boatos proporcionassem informações que se ajustassem ao modo como essa gente já se sentia" (1975, p. 8).[3]

---

1. Romanos, 7: 14-25.
2. Leon Festinger (1919-1989), psicólogo americano que se tornou famoso pelo desenvolvimento da teoria da dissonância cognitiva.
3. FESTINGER, Leon. **Teoria da dissonância cognitiva**. 1. ed. Rio de Janeiro: Zahar Editores, 1975.

Após a reunião das diversas pesquisas e a realização de estudo pelo seu próprio grupo, Festinger escreve que é comum que o ser humano busque sempre um estado de *coerência* (que chamaria de estado de *consonância*) entre opiniões e atitudes, entre o que crê e o que faz. O que o atraiu para essa formulação teórica foram as exceções a este comportamento esperado. Ele exemplifica lembrando as pessoas que dizem que "negros são tão bons quanto brancos, mas não gostaria de ter famílias negras residindo em seu bairro" (Festinger, 1975, p. 11), além de outras frases do mesmo tipo. A isso ele chama de *incoerência* (dissonância), que pode ou não ser percebida por seu possuidor. Quando são percebidas, na maioria das vezes seu possuidor busca um processo de racionalização que possa justificar para si mesmo e para os outros a existência dessa *dissonância* (incoerência).

Para Festinger, dois elementos são dissonantes entre si quando, por qualquer razão, não se ajustam ou não se encaixam um com o outro. A *dissonância cognitiva*, por sua vez, pode ser considerada como uma atividade orientada pela vontade para reduzir a *dissonância* (incoerência).

Usando como exemplo um "fumante habitual que tomou conhecimento de que o cigarro é mau para a saúde, [informa que] esse conhecimento é dissonante com a cognição de que continua a fumar" (Festinger, 1975, p. 15). Após a pressão para diminuir essa *dissonância*, pode-se esperar:

a) **Ele muda seu comportamento**, mudando suas ações: deixa de fumar. Quando não fuma mais, sua cognição do que faz é *consoante* (coerente) com seu conhecimento de que o fumo é nocivo à saúde.

b) **Ele muda sua opinião ou visão** sobre os efeitos do fumo, buscando alimentar a ideia de que o fumo não é tão ruim como dizem e buscará identificar alguns "benefícios" do fumo. Dessa forma ele também reduz a *dissonância* entre o que sabe e o que faz, só que aqui reinterpreta de forma própria e individual o conhecimento na direção de suas necessidades.

A *dissonância* indica, pois, a distância entre o que se sabe e o que se faz, e é natural buscar a redução da *dissonância* mudando o comportamento (porque o conhecimento se consolidou) ou a opinião (porque a tradição, a história, a cultura, a emoção etc. se mostraram mais fortes).

Festinger ainda escreve sobre o fenômeno da *dissonância cognitiva* em grandes massas, utilizando-se de exemplos místicos ou religiosos. Vamos trazer sinteticamente dois deles pela relevância para este trabalho: O movimento millerista e os guardiões.

2 O movimento millerista do século XIX

O fazendeiro William Miller, da Nova Inglaterra (EUA), concluiu, por meio de interpretações literais do *Antigo Testamento* e outros cálculos que julgava pertinente, que o segundo Advento do Cristo se daria em 1843. Inicialmente restrita a um grupo, a notícia tomou vulto e convenceu um grande número de pessoas sobre o fim de mundo.

Chegando-se ao fim de 1843 sem que o fim do mundo tivesse ocorrido, foi possível enumerar algumas reações:

- Perplexidade inicial. Apesar da comprovação de que a teoria estava errada, continuaram alimentando a crenças, dando mostra da existência da *dissonância*.
- Tentativa de formulação de motivos lógicos e fundamentados que explicassem o fracasso da previsão.

Quando há um grande número de adeptos dessa posição, a *dissonância* é reduzida pelo apoio do grupo que se forma e se amplia.

• Aumento dos seguidores, visto que a tentativa de atrair mais adeptos para a teoria – mesmo que fracassada – tende a diminuir a *dissonância* para os divulgadores.

Os movimentos para reduzir a *dissonância* continuaram e então foi formulada a explicação de que não se deveria usar o calendário cristão (que resulta no ano de 1843), mas sim o calendário judaico (que resultaria na data de 21 de março de 1844). Essa nova informação deu mais energia ao movimento, até que a nova data chegou sem que o Segundo Advento do Cristo e o proclamado fim do mundo acontecessem. As reações descritas anteriormente se repetiram, e o fim do mundo ganhou nova data: 22 de outubro de 1844. Festinger escreve que foram necessárias três sucessivas desconfigurações para que a *dissonância* chegasse ao ponto de fazer sucumbir o sistema de crença proposto (1975, p. 221).

3 Os guardiões

Este caso é estudado de forma mais detalhada em outra obra intitulada *When prophecy fails*[4] e trata do caso em que os autores Festinger, Riecken e Schacther participaram por dois meses antes e um mês depois da data indicada para o evento fruto da previsão.

O movimento se formou em torno de uma mulher de nome Marian Keech (pseudônimo de Dorothy Martin,

---

4. FESTINGER, L.; RIECKEN, Henry W.; SCHACTHER, Stanley. **When prophecy fails.** 1. ed. University of Minnesota Press, 1956.

Alvaro Chrispino

1900-1992), que dizia receber mensagens de alguns guardiões que viviam em algum lugar do espaço sideral. As mensagens eram, em geral, de cunho descritivo sobre o espaço, sobre Deus, sobre mundos diferentes, o que nada diferenciava de tantas outras seitas da mesma família. Ocorre que as mensagens passaram a prever que em determinada data o continente seria dragado por imensa onda. Diferentemente de outros movimentos, os adeptos – cerca de 30 pessoas de classe média, incluindo universitários – não se esforçaram para fazer prosélitos e reunir mais pessoas em torno de sua crença.

O grupo se organizava para o grande cataclismo, e alguns acreditavam que os guardiões mandariam discos voadores para retirar os membros da seita e levá-los a outros mundos em segurança. Na verdade, a mulher recebeu inúmeras mensagens marcando data, local e hora em que o disco voador apareceria para o resgate. A cada encontro frustrado, uma nova mensagem surgia justificando a falta e marcando novo encontro, que não se concretizava.

Por fim, quando faltavam 15 minutos para a hora indicada para o dilúvio final, uma explicação chegou e "a todos pareceu satisfatória". A mensagem fora expedida pelo próprio Deus e dizia que Ele decidira salvar o mundo e sustar o dilúvio por causa deste grupo e da luz e fortaleza de espírito que ele, nessa noite, propagava sobre o mundo" (Festinger, 1975, p. 226).

Após isso, houve um contraste revelador no comportamento do grupo, que agora alardeava o acontecimento, chamava a imprensa para sistemáticas manifestações, na busca de mais crentes, o que, de novo, demonstra causar diminuição da *dissonância*.

Em casos desse tipo, a capacidade de atrair mais adeptos para a crença – por mais que esta tenha sofrido repetidas *desconfirmações* – cria mais apoio social e diminui a *dissonância*, mascarando a frustração e dando sobrevida a crenças e práticas exóticas que foram contraditadas pelos fatos. Deixando o universo da Psicologia Social de onde Festinger e colaboradores falam, podemos encontrar contribuições no campo da sociologia da religião por meio dos textos de François Houtart,[5] nos quais, ao estudar as representações religiosas, apresenta um exemplo observado no Sri Lanka, ilha com maioria da população budista:

> No interior do país havia dois povoados muito pequenos que celebravam um festival em honra ao deus da chuva duas vezes por ano, um em cada estação. O governo mandou construir na região um canal de irrigação, conectado ao açude coletor de um desses povoados, mas não ao do outro. O que aconteceu no campo das representações? No povoado não-ligado ao canal mantiveram-se os mesmos festivais, porque ainda se precisa de água para o açude. Mas no outro, que tinha água para o ano todo, colocou-se uma evidente contradição com as funções da celebração. Porém, continuou-se a fazê-la, mas apenas uma só vez por ano. O sentido do festival mudou: agora pede-se proteção ao deus da chuva, não contra a seca, porque há água o ano todo, mas contra os crocodilos (HOUTART, 1994, p. 44).[6]

---

5. François Houtart (1925-2017) foi um teólogo, sociólogo e marxista que ficou conhecido como o "papa da antiglobalização" e "teólogo da libertação dos povos".
6. HOUTART, François. **Sociologia da religião**. 1. ed. São Paulo: Ática, 1994.

Alvaro Chrispino

Para explicar o ocorrido, Houtart informa que se deve buscar alguma lógica na prática observada e que nesse caso é simples de encontrar. Como existia água o ano inteiro, as mulheres buscavam o rio para as tarefas domésticas e as crianças buscavam-no para banhar-se. Na verdade, a mudança foi provocada por um fator externo (obra que ofereceu água por todo o ano), não afetando a prática: as homenagens aos deuses. Se buscarmos uma aproximação com a proposta de Festinger, identificaremos uma *dissonância* entre o novo conhecimento e a prática antiga. Os moradores do Sri Lanka reduziram a *dissonância* não pela adequação das práticas, mas sim pela adequação das interpretações do conhecimento. Eles ajustaram o conhecimento novo às suas possibilidades.

Voltando a Houtart, ele nos apresenta uma explicação no campo da Sociologia que converge com a *dissonância* ao escrever que existe uma vinculação "entre o desenvolvimento de um conhecimento e o desenvolvimento de práticas. Não é um problema puramente intelectual de explicação, mas também um problema de práticas" (Houtart, 1994, p. 45).

Contribuindo com essas ideias, Javier Echeverria (2003, p. 83) escreve que "as observações efetuadas nos laboratórios nunca são triviais nem imediatas: requerem certos conhecimentos prévios", e apresentará um caso para exemplificar a ideia: pensemos em Tycho Brahe[7] e em Johannes Kepler.[8] Tycho, seguindo, pelo menos a esse propósito, Aristóteles, sustenta que a Terra está parada e que os demais corpos celestes se movem em torno dela, enquanto

---

7. Tycho Brahe, um astrônomo dinamarquês nascido no século XVI.
8. Johannes Kepler (1571-1630) foi um matemático e astrônomo alemão.

Kepler considera que o Sol está num ponto fixo e é a Terra que se move. Pergunta-se: Kepler e Tycho veem a mesma coisa ao amanhecer? William James[9] resolvia esse problema afirmando que as interpretações dos dados sensoriais de um e outro são diferentes: naturalmente, veem a mesma coisa, fazem a mesma observação, uma vez que partem dos mesmos dados visuais, mas interpretam de forma diferente aquilo que veem, interpretam os dados de uma maneira distinta.[10]

Vamos apresentar aqui somente três exemplos distintos de dissonância cognitiva aplicados ao Movimento Espírita e extraídos de três diferentes obras: *Os mensageiros*, *Voltei* e *Transtornos psiquiátricos e obsessivos*.

A obra *Os mensageiros*, publicada em 1944, é a segunda da série ditada pelo Espírito André Luiz ao médium Chico Xavier, que se inicia com *Nosso lar*. A obra, rica em exemplos de dissonância entre o conhecimento e a emoção, apresenta as entrevistas que André Luiz realiza com Espíritos recém-desencarnados e que haviam sido preparados anteriormente pelo centro dos mensageiros que:

> [...] prepara entidades a fim de que se transformem em cartas vivas de socorro e auxílio aos que sofrem no Umbral, na Crosta e nas Trevas [...]. Preparam-se aqui numerosos companheiros para a difusão de esperanças e consolos, instruções e avisos, nos diversos setores da evolução planetária. Não me refiro tão só a emissários invisíveis.

---

9. William James (1842-1910) foi um psicólogo e filósofo norte-americano, um dos criadores da escola filosófica conhecida como "pragmatismo" e um dos pioneiros da "Psicologia Funcional".

10. A Psicologia da Gestalt mostrou, por meio de experimentos múltiplos, que numa mesma imagem podem ser vistos objetos diferentes.

Alvaro Chrispino

Organizamos turmas compactas de aprendizes para a reencarnação. **Médiuns e doutrinadores saem daqui às centenas, anualmente.** Tarefeiros **do conforto espiritual encaminham-se para os círculos carnais, em quantidade considerável,** habilitados pelo nosso Centro de Mensageiros. [...] Saem milhares de mensageiros aptos para o Serviço, **mas são muito raros os que triunfam. Alguns conseguem execução parcial da tarefa, outros muitos fracassam de todo.** (XAVIER; ANDRÉ LUIZ, 2002, p. 22, grifos nossos).

Quando entrevistado, Otávio, no capítulo 7 – A queda de Otávio, conta em síntese que se preparou durante 30 anos para retornar à Terra e recebeu apoio de seis amigas para alcançar seu êxito no trabalho de relevo para o qual estava designado. Ao final, diz que não desconhecia o "roteiro certo", possuía cultura evangélica, amigos espirituais generosos que se faziam visíveis aos seus olhos, foi levado pela família a grupo espírita e iniciou-se na atividade mediúnica. Não confiava nos orientadores espirituais e tinha pendor à crítica aos atos alheios. As manifestações da sensibilidade foram interpretadas como alucinações e entregou-se a experiências sexuais desenfreadas, que causaram gravidez indesejada e casamento forçado. Retornou ao Mundo espiritual "mal tendo completado quarenta anos, roído pela sífilis, pelo álcool e pelos desgostos, sem nada haver feito para meu futuro eterno... Sem construir coisa alguma no terreno do bem..." (Xavier; André Luiz, 2002, p. 46). Como vemos, não faltaram conhecimento, orientação, exemplo e oportunidade para as realizações planejadas, mas as tendências anteriores foram mais eficazes do que o conhecimento novo adquirido, um exemplo infeliz de dissonância.

Sobre ovelhas e lobos: alguns desafios do Movimento Espírita

Monteiro foi preparado para a reencarnação e diz:

Recebi todo o auxílio para iniciar minha grande tarefa e intraduzível alegria me dominava o espírito no desdobramento dos primeiros serviços. Minha mãe, que se convertera em minha devotada orientadora, não cabia em si de contente. Enorme entusiasmo instalara-se-me no espírito. "Sob meu controle direto estavam alguns médiuns de efeitos físicos, além de outros consagrados à psicografia e à incorporação; e tamanho era o fascínio que o comércio com o invisível exercia sobre mim, que me distrai completamente quanto à essência moral da doutrina. "Tínhamos quatro reuniões semanais, às quais comparecia com assiduidade absoluta. Confesso que experimentava certa volúpia na doutrinação aos desencarnados de condição inferior. Para todos eles, tinha longas exortações decoradas, na ponta da língua. Aos sofredores, fazia ver que padeciam por culpa própria. Aos embusteiros, recomendava, enfaticamente, a abstenção da mentira criminosa. Os casos de obsessão mereciam-me ardor apaixonado. Estimava enfrentar obsessores cruéis para reduzi-los a zero, no campo da argumentação pesada.

[...] O apego às manifestações exteriores desorientou-me por completo. Acendia luzes para os outros, preferindo, porém, os caminhos escuros e esquecendo a mim mesmo. Somente aqui, de volta, pude verificar a extensão da minha cegueira.

Talhava o Espiritismo a meu modo.

[Ao desencarnar] Meu raciocínio pedia socorro divino, mas meu sentimento agarrava-se a objetivos inferiores. Minha cabeça dirigia-se ao Céu, em súplica, mas o coração colava-se à Terra. Nesse

Alvaro Chrispino

estado triste, vi-me rodeado de seres malévolos que me repetiam longas frases de nossas sessões. (XAVIER; ANDRÉ LUIZ, 2002, p. 69-71).

A narrativa de Monteiro é grave e representa, mesmo em recorte aqui reproduzido, grande parte das questões que enfrentamos todos os dias. Ao final, ele reproduz a fala da ministra veneranda sobre ele próprio:

> Monteiro, meu amigo, a causa da sua derrota não é complexa, nem difícil de explicar. Entregou-se, você, excessivamente ao Espiritismo prático, junto dos homens, nossos irmãos, mas nunca se interessou pela verdadeira prática do Espiritismo junto de Jesus, nosso Mestre (XAVIER; ANDRÉ LUIZ, 2002, p. 71).

Outros exemplos são aqueles que retratam as dificuldades de Belarmino, o doutrinador, e de Joel, médium preparado para sensibilidade apurada. O livro é triste retrato da realidade humana nas suas lutas cotidianas e merecia dos trabalhadores espíritas maior atenção e estudo, visto que retrata as fraquezas humanas diante dos desafios assumidos.

A segunda obra que pode oferecer exemplo sobre as dissonâncias que enfrentamos é *Voltei*,[11] ditada ao médium Chico Xavier pelo Espírito que assina com o pseudônimo de Irmão Jacob[12] e publicada em 1948. Trabalhador do Movimento Espírita, Jacob realizou muitas atividades e ocupou

---

11. XAVIER, Francisco C.; IRMÃO JACOB [Espírito]. **Voltei**. 5. ed. Rio de Janeiro: FEB, 1972.

12. Pseudônimo de Frederico Fígner (2/12/1866 – 19/01/1947). Nasceu na então Tchecoslováquia, foi apresentado à Doutrina Espírita por Pedro Sayão, filho de Antonio Luiz Sayão, e trabalhou ajudando os necessitados e fez parte da Federação Espírita Brasileira como vice-presidente, tesoureiro e membro do Conselho Fiscal.

funções de relevo, sempre com dedicação e êxito no que se esperava dele. Na introdução da sua obra, escreve:

> Acreditei que o fim das limitações corporais trouxesse inalterável paz no coração, mas não foi bem assim.
>
> No fundo, em nossas organizações religiosas, somos uma espécie de combatentes prontos a batalhar a distância de nossa moradia e, quando nos julgamos de posse da vitória final, tornamos ao círculo doméstico para enfrentar, individualmente, a mesma guerra, dentro de casa. Vestimos a roupa de carne, a fim de lutar e aprender e, se muitas vezes sorvemos o desencanto da derrota, em muitas ocasiões nos sentimos triunfadores. Somos, então, filhos da turba distraída, companheiros de mil companheiros, cooperadores de mil cooperadores.
>
> **Chegou, no entanto, o momento em que a morte nos reconduz à intimidade do lar interior. E se não houve de nossa parte a preocupação de construir, aí dentro, um santuário para as determinações divinas, quantos dias gastamos na limpeza, no reajustamento e na iluminação?**
>
> Oh! Meus amigos do Espiritismo, que amamos tanto! É para vocês – membros da grande família que tanto desejei servir – que grafei estas páginas, sem a presunção de convencer! Não se acreditem quitados com a Lei, por haverem atendido a pequeninos deveres de solidariedade humana, nem se suponham habilitados ao paraíso, por receberem a manifesta proteção de um amigo espiritual! **Ajudem a si mesmos**, no desempenho das obrigações evangélicas! Espiritismo não é somente a graça recebida, é também **a**

Alvaro Chrispino

necessidade de nos espiritualizarmos para as esferas superiores. (XAVIER; JACOB, 1972, p. 12, grifos nossos).

Diferentemente dos casos descritos em *Os mensageiros*, nos quais os trabalhadores falharam nas tarefas previamente ajustadas, o caso de Jacob indica plena realização para os outros, para com aqueles que lhe cercavam, para aqueles que eram despossuídos de algo. Ele soube ocupar os espaços de trabalho na direção do outro, mas não deu a devida atenção à autoiluminação. A desatenção se deu na própria transformação, daí certamente a figura da *Escola de Iluminação* e a necessidade de novo despertar. Ao final, Jacob pergunta ao Espírito Bittencourt Sampaio sobre a possibilidade de contar aos companheiros encarnados a sua história e suas lutas:

> Ser-me-á permitido dar-lhes notícias da esfera nova? Talvez minha humilde experiência pessoal aproveite a alguns deles para que se decidam a praticar o Evangelho e a servi-lo acima de si mesmos; com esquecimento da vaidade e do orgulho, do egoísmo e da discórdia, que, muitas vezes, nos requeimam o coração! (XAVIER; JACOB, 1972, p. 187).

A resposta é positiva, e a obra é publicada em fevereiro de 1948, um ano após Jacob desencarnar.

O terceiro exemplo nos é apresentado pelo Espírito José Petitinga[13] quando narra, pelo texto de Manoel Philomeno de Miranda (2008),[14] a história de uma Casa Espírita

---

13. José Petitinga – José Florentino de Sena (1866-1939) – foi um dos precursores do Espiritismo da Bahia, fundador e presidente da União Espírita Baiana.
14. FRANCO, Divaldo Pereira; MIRANDA, Manoel Philomeno de [Espírito]. **Transtornos psiquiátricos e obsessivos**. 1. ed. Salvador: LEAL, 2008, cap. 15.

Sobre ovelhas e lobos: alguns desafios do Movimento Espírita

que possuía três reuniões mediúnicas concomitantes e com distintas metodologias **derivadas de divergência de interpretação essencial sobre mediunidade e disponibilizadas pela Codificação Espírita.** Cada qual lê e interpreta o que lhe apraz quando o conhecimento não ilumina as sombras que trazemos do passado.

O problema teve início quando:

> [...] pessoas frívolas e descomprometidas com a seriedade da Doutrina Espírita foram admitidas nas atividades, e porque possuidoras de recursos amoedados e bem situadas socialmente, logo adquiriram destaque, sendo colocadas em postos administrativos da Casa, sem qualquer preparação emocional e espiritual para o cometimento. (FRANCO; MIRANDA, 2008, p. 216).

Não tardou para que médiuns despreparados e atormentados, vítimas de ação obsessora, buscassem ações fenomênicas que defendiam ser *novas técnicas* necessárias à *atualização do Espiritismo*, enquanto outros propunham o abandono puro e simples das ações mediúnicas.

> Uma grande perturbação tomou conta das pessoas e logo se dividiram em grupos: os que preferiram ficar fiéis ao sistema anterior, os que desejavam impor as novas diretrizes, abrindo espaço também para as práticas animistas-africanistas, por sentirem que tinham *missão* nessa área e, por fim, reduzido número daqueles que teimavam em considerar desnecessária a educação mediúnica... [...] Sinal, sem dúvida, de grave interferência das Trevas, esse divisionismo pernicioso. (FRANCO; MIRANDA, 2008, p. 217).

Os três grupos atuavam de acordo com suas interpretações da Codificação e do Evangelho de Jesus. Lidos e estudados, os mesmos textos resultavam em interpretações distintas e divergentes, que se materializavam no espaço físico de uma instituição que almeja a caridade e a fraternidade para o próximo e entre os seus. Os dissidentes "estão pouco se importando com os resultados das dissensões, e somente aspiram à **vitória do seu grupo**, que faz lembrar a de *Pirro*"[15] (Franco; Miranda, 2008, p. 218). Nesse exemplo, a dissonância cognitiva provocou discordância, separações e fragilidades no conjunto de trabalhadores que já haviam experimentado coesão e espírito de união no trabalho mediúnico. Eis um terceiro tipo de dissonância também muito comum no Movimento Espírita.

Parece que estão presentes nessa história os fundamentos indicados pelos autores que estudaram o Cristianismo nascente: (1) o divisionismo pela interpretação diferente a partir dos mesmos textos, (2) a luta para que seu grupo seja vencedor na disputa como autor dos conceitos hegemônicos e (3) a ocupação do espaço de poder. O Movimento Espírita atual parece repetir os mesmos passos do Cristianismo nascente... Parece que mudamos pouco após tanto tempo!

A análise de Manoel Philomeno de Miranda em *Trilhas da libertação* (1996)[16] reforça essas posições sobre a maneira como as mensagens são interpretadas:

> [...] Ocorre que é comum, entre indivíduos, a tentativa de submeterem as mensagens, que dizem seguir, à própria interpretação, impondo

---

15. A "vitória de *Pirro*" é uma vitória com muitas baixas, uma vitória inútil.
16. FRANCO, Divaldo Pereira; MIRANDA, Manoel Philomeno de [Espírito]. **Trilhas da libertação**. 1. ed. Rio de Janeiro: FEB, 1996.

Sobre ovelhas e lobos: alguns desafios do Movimento Espírita

seus caprichos e gerando dissídios, incompatibilizando-se uns contra os outros em tristes espetáculos de exibição de egoísmo. (FRANCO; MIRANDA, 1996, p. 167).

A dissonância cognitiva – ou o conceito que ela porta – não passou despercebida pelos Espíritos superiores. A benfeitora Joanna de Ângelis (2007)[17] escreve, pela psicografia de Divaldo Franco, que "a conduta pessoal é sempre reflexo das construções mentais, porquanto as ocorrências que têm lugar no mundo físico originam-se no pensamento" (p. 123). Se a conduta pessoal é reflexo das construções mentais e estas não são conhecidas de seu autor, ele será joguete nas teias das memórias, do passado e das emoções não explícitas, que fazem o jogo da manutenção do que somos nos limites mais fáceis das zonas de conforto da emoção, na escravidão do menor esforço ou do esforço algum.

Sendo isso um fato no campo pessoal, é de se esperar que suas consequências se façam sentir no âmbito das ações de grupo, explicando o ocorrido na Casa Espírita da história infeliz narrada por José Petitinga. Sobre isso, a veneranda escreve que: "As atitudes comportamentais não correspondem às aparentes convicções desposadas, dando lugar a choques constantes de opinião, de realização, de vivência" (Franco; Ângelis, 2007, p. 123).

As dissonâncias cognitivas no campo pessoal buscam seus afins pela Lei da Afinidade, por isso o que não foi entendido no campo pessoal se extrapola e encontra outros tantos que se inebriam e entorpecem em processos de

---

17. FRANCO, Divaldo Pereira; ÂNGELIS, Joanna de [Espírito]. **Jesus e vida.** 1. ed. Salvador: LEAL, 2007.

retroalimentação de emoções que lhe são próprias do passado. Ao final, tecem as teias que os sustentam para, por fim, escravizá-los.

E como proposta de enfrentamento destas questões que parecem sobreviver apesar de nossos mais intensos esforços na fieira dos tempos, orienta-nos a benfeitora na obra *Atitudes renovadas* (2009).[18]

> É indispensável romper-se as amarras com a acomodação nessa conduta e iniciar-se nos princípios da elevação moral, experienciando a coragem do autoenfrentamento, da identificação das suas expressões grosseiras, substituindo-as por aquelas de natureza espiritual, esforçando-se cada um por superar as dificuldades, porque o processo da evolução não ocorre por meio de artifícios mágicos.
>
> Os problemas internos apresentam-se hoje ou mais tarde no mundo exterior, em razão da necessidade de serem eliminados.
>
> Jesus referiu-se que em as nascentes do coração brotam as boas como as más ocorrências, referindo-se ao ser interno que se é, em vez da argamassa celular em que se movimenta.
>
> Não postergues, pois, a oportunidade de autoconhecer-te, autodefinir-te para as realizações da harmonia pessoal, para a superação dos infortúnios e a conquista do bem-estar.
>
> Tudo isso depende exclusivamente de ti...
> (FRANCO; ÂNGELIS, 2009, p. 107).

---

18. FRANCO, Divaldo Pereira; ÂNGELIS, Joanna de [Espírito]. **Atitudes renovadas**. 1. ed. Salvador: LEAL, 2009.

3º DESAFIO:
QUEM ESCOLHER?

*Estamos convictos de que a Doutrina Espírita, se nos favorece o engrandecimento do coração no cadinho das experiências vividas, igualmente nos enseja a exaltação da inteligência, **situando-nos entre o estudo e a meditação a fim de que a sabedoria nos inspire a seleção dos valores morais que iluminem o Espírito.***

*Assim, mobilizemos **razão e bom senso, verificando nosso posicionamento nas lides espiritistas, de forma a valorizar o tempo em nós, ante as realizações que realmente nos competem.***

*A **acomodação ao empirismo** entremeado de **êxtases do sentimento** não se coaduna com a hora presente, **a exigir reflexão e amadurecimento que estabelecem transformação de base.**[1]*

Guillon Ribeiro

1 O Cristianismo nascente

Neste ponto, vamos resgatar a história do Cristianismo nascente para registrar algumas rotinas e como houve, desde aquela época, mudanças nos procedimen-

---

1. RIBEIRO, Júlio Cezar G.; RIBEIRO, Guillon [Espírito]. *Tarefas*. In: **Reformador**, n. 1.773, ano 94, dezembro de 1976. Rio de Janeiro: FEB, p. 7. A mensagem foi psicografada em reunião pública da Casa Espírita Cristã, em Vitória – ES, no dia 19 de agosto de 1969.

Alvaro Chrispino

tos religiosos por conta de posicionamentos divergentes entre pessoas e grupos. A fim de ilustrar esses comportamentos e diferenças, vamos buscar auxílio em dois conhecidos historiadores: Edward Gibbon[2] e Will Durant.[3]

Sobre a maneira como a igreja primitiva tratava os dons e a liberdade de utilização dos chamados dons, Gibbon (1989) escreve:

> Os dons sobrenaturais que mesmo nesta vida eram atribuídos aos cristãos, pondo-os acima do restante da humanidade, devem ter lhes trazido conforto, assim como, muito frequentemente, convicção aos infiéis. Além dos eventuais prodígios que se podiam por vezes efetuar mercê da intervenção imediata da Deidade, quando esta se dispunha a suspender as leis da Natureza em benefício da religião, a Igreja cristã, desde o tempo dos apóstolos e primeiros discípulos, tem alegado uma sucessão ininterrupta de poderes miraculosos, o dom de línguas, de visão e de profecia, o poder de expulsar demônios, de curar enfermos e de ressuscitar os mortos. O conhecimento de línguas estrangeiras era frequentemente comunicado aos contemporâneos de Irineu embora ele próprio ficasse às voltas com as dificuldades de um dialeto bárbaro enquanto pregava o Evangelho aos naturais da Gália. A inspiração divina, comunicada sob a forma de uma visão desperta ou em sonho, é descrita como mercê

---

2. GIBBON, Edward. **Declínio e queda do Império Romano**. 1. ed. São Paulo: Círculo do Livro, 1989.

3. DURANT, Will. **História da civilização, vol. III – César e Cristo**. Rio de Janeiro: Editora Record, 1971.

conferida com grande liberdade a toda sorte de fiéis, tanto mulheres quanto anciãos, tanto meninos como bispos. Desde que seus espíritos devotos estivessem suficientemente preparados, por uma série de preces, jejuns e vigílias, para receber o extraordinário impulso, eram eles arrebatados de suas consciências e levados a um êxtase inspirado, pois eram meros órgãos do Espírito Santo, assim como o é uma flauta de quem nela sopra. Cumpre acrescentar ser o desígnio de tais visões, na maior parte dos casos, revelar a história futura ou orientar a administração atual da Igreja. (GIBBON, 1989, p. 207).

Gibbon aponta ainda as dificuldades encontradas no comportamento dos seguidores do Cristianismo nascente, provocando mudanças importantes na prática cotidiana:

A ausência de disciplina e cultura humana era obviada pela ocasional assistência dos *profetas*, que eram chamados a exercer essa função sem distinção de idade, de sexo ou talentos naturais e que, tão logo sentiam o divino impulso, extravasavam as efusões do Espírito por sobre a assembleia dos fiéis. Mas os mestres proféticos abusavam da frequência desses dons extraordinários, dando-lhes má aplicação. Exibiam-nos em ocasiões inconvenientes, perturbando presunçosamente o culto litúrgico da assembleia, e por via de sua soberba ou ardor errôneo causavam, particularmente na Igreja apostólica de Corinto, um longo séquito de deprimentes perturbações. Por se ter tornado inútil e até mesmo perniciosa a instituição dos profetas, seus poderes foram cassados e seu cargo abolido.

Alvaro Chrispino

> As funções públicas da religião passaram a ser confiadas tão só aos ministros oficiais da Igreja, os *bispos* e os *presbíteros* [...]. (GIBBON, 1989, p. 217).

Sobre a mesma questão, Durant (1971) escreve:

> No começo os membros da congregação, especialmente as mulheres, tinham licença para 'profetizar' – isto é, 'falar adiante' – quando em estado de transe ou êxtase, emitindo palavras de interpretação piedosa. Mas como esse 'profetizamento' começasse a produzir o caos teológico, a Igreja o refreou e finalmente o suprimiu. O clero tinha de estar sempre impedindo o surto de superstição e a controlá-la. (DURANT, 1971, p. 469).

Talvez possamos fazer uma digressão a fim de melhor entender o contexto em que tais proibições do uso dos dons se davam. Nesse período, fins do século II, segundo Durant, ratificado por Gibbon, começaram a haver modificações na essência do cotidiano da Igreja, todas elas com fundamento histórico pagão ou mesmo grego: as cerimônias semanais tomaram a forma da missa, baseada nos serviços do Templo de Jerusalém e fundamentada nos mistérios gregos da purificação e do sacrifício; o pão e o vinho passam a ser concebidos como o corpo e o sangue, à semelhança do ritual de Mitras; a eucaristia e o batismo tomam posições de sacramento, bem como a confissão e a penitência; o casamento deixa de ser um ato civil para ser um ato "sagrado"; a "aposição das mãos", tão comum no mundo cristão primitivo, tomou forma de "ordens sagradas", com que os bispos assumiam o exclusivo direito de ordenar.

É ainda Durant (1971) quem arremata essa infeliz lista de deturpações com as expressões objetivas:

> [...] O Cristianismo não destruiu o paganismo: adotou-o [...] (p. 465).

> [...] E o Cristianismo tornou-se a última e a maior das religiões de mistérios [...] (p. 470).

> [...] Enquanto o Cristianismo convertia o mundo, o mundo convertia o cristianismo, fazendo-o mostrar o natural paganismo do homem [...] (p. 513).

Se já não bastasse a deturpação pelo rito e pela paganização da Igreja, tínhamos ainda as divergências entre os intérpretes dos Evangelhos, o que, como hoje, leva à criação de grupos que dizem, todos, ostentar a Verdade. Durant registra que:

> [...] lá por 187, Irineu colecionou 20 variedades de cristianismo; em 384 Epifânio contou 80. Por toda parte ideias estrangeiras estavam parasitando a fé cristã, e os cristãos deixavam-se atrair pelas novas seitas. (DURANT, 1971, p. 482).

Com isso, pode-se perceber que já havia uma tendência a interpretações personalistas ou à busca de novas e variadas interpretações por grupos que se pretendiam *portadores de verdade.*

Essas divisões do Cristianismo nascente (século II) contabilizaram grupos tais como: os marcionistas, os montanistas, os encratistas, os abstinentes, os docetistas, os teodotianos, os adocionistas, os modalistas, os sabelianos, os monarquianistas, os monofisitas, os monotelistas, os seguidores de Paulo de Samósata e os seguidores de Mani de Ctesifonte.

Alvaro Chrispino

Mais tarde teríamos divisões mais graves com os arianistas, os neoplatônicos e os valentinianos, que tentavam manter a ideia primeira dos Evangelhos e que foram considerados como hereges.

Por fim, Durant discorre também sobre o conflito existente por conta dos diversos credos derivados da interpretação do Cristianismo, dando especial atenção àqueles que produziram maior instabilidade na Igreja Nascente (1971, p. 474): os gnósticos, os marcionitas e os montanitas.

Parece-nos mais prudente imaginar que as "vozes" tentavam, antes de tudo, pôr limites nos descaminhos da Igreja Primitiva, que se ritualizava tão rapidamente quanto se paganizava. Mas heresia é a opinião do grupo minoritário que se opõe a ortodoxia, representada pelo grupo majoritário que detém o poder decisório. Venceu temporariamente a interpretação que fortalece interesses pessoais sobre aquela que prega a essência do Evangelho que convida à mudança pessoal. Calaram-se as "vozes"... transformou-se a Igreja do Cristo nas igrejas dos homens do Cristo!

As perseguições motivadas por diferenças nas interpretações religiosas são numerosas e também sangrentas.[4] A História é rica destes espetáculos de presunção humana, mas há em paralelo as divergências que, se não torturam ou matam os corpos, restringem sonhos de dedicação às crenças, minguam esperanças em dias de vera fraternidade e afastam aqueles que se entregam a realizações não motivadas por projetos pessoais de poder.

---

4. Sobre esse tema, veja HAUGHT, James A. **Perseguições religiosas – uma história do fanatismo e dos crimes religiosos**. 1. ed. Rio de Janeiro: Ediouro, 2003.

Sobre ovelhas e lobos: alguns desafios do Movimento Espírita

2 Religião e repressão

Rubem Alves (1933-2014), conhecido educador brasileiro, possui uma obra muito curiosa intitulada *Protestantismo e repressão*, publicada em 1979.[5] Nessa obra, ele propõe uma reflexão acerca de interessante fenômeno religioso envolvendo a ideia original do Protestantismo, o *livre exame*, e como a comunidade religiosa protestante se organizava produzindo efeitos contrários à sua tese de fundação, visto que se pautava no que se chamou de conservadorismo. Já na *Nota preliminar* de sua obra, o autor sintetiza sua questão quando escreve que:

> [...] o Protestantismo, no momento de seu estabelecimento no Brasil, se apresentava como uma força renovadora. Não pretendia um simples ajustamento às condições político-sociais dominantes. A organização democrática de suas igrejas, seu esforço educacional liberal, sua vocação secularizante de separação entre Igreja e Estado, sua denúncia das consequências economicamente retrógradas e politicamente totalitárias do domínio católico no Brasil, são evidências de que, naquele momento, o Protestantismo desejava profundas transformações políticas, sociais e econômicas no país. (ALVES, 1979, p. 11).

Vamos buscar ampliar a visão sobre o surgimento do Protestantismo e os desdobramentos do *livre exame* que o caracterizava.

O século XVI foi marcado por lutas religiosas históricas. Entre elas está a luta dos reformadores, que seria um

---

5. A obra foi reeditada e ampliada com o título *Religião e repressão*, em 2005, mas preferimos manter as referências da original.

Alvaro Chrispino

divisor de águas da fé humana. O inglês John Wycliffe, lente de Oxford (e seus seguidores, os chamados lolardos), é o primeiro a pregar o livre exame, e suas ideias chegam a Jan Hus, que dá a vida pela defesa da libertação do Evangelho de Jesus (junto com seus seguidores, conhecidos como hussitas), sendo imolado na fogueira e deixando como sucessor Jerônimo de Praga, que também morre em holocausto. Fernández-Armesto e Wilson (1997, p. 244)[6] chegam a escrever que, "[...] quando Lutero leu as obras de Hus, em 1519, declarou que todas as suas doutrinas haviam sido antecipadas por aquele reformador mais antigo. De 1521 em diante ele considerou Hus um santo".

Após insurgir-se contra determinações do Papa Leão X, Martinho Lutero, seguindo as luzes lançadas pelos seus antecessores, Wycliffe e Hus, em dezembro de 1520 queimou a bula papal de excomunhão na qual estavam listadas 41 heresias[7] atribuídas a ele.

Estava estabelecida a grande divisão cristã em nome da popularização do conhecimento evangélico. Era a vitória do livre exame das escrituras sagradas. Segundo Rubem Alves:

> [...] a leitura da Palavra de Deus, com livre crítica, é privilégio de Protestantes, especialmente. O livre exame das escrituras é fruto abençoado da Reforma. Deus, através do texto, fala diretamente ao coração. Por isto, cada um tem o direito de examinar livremente a Bíblia. (ALVES, 1979, p. 111).

---

6. FERNÁNDEZ-ARMESTO, Felipe; WILSON, Derek. **Reforma: o Cristianismo e o mundo 1500-2000**. 1. ed. Rio de Janeiro: Record, 1997.

7. OWEN, Robert D. **Região em litígio**. 1. ed. Rio de Janeiro: FEB, 1982, p. 19 e 37.

Neste ponto, no qual damos o verdadeiro valor aos reformadores, gostaríamos de levantar duas questões que com certeza mereceriam mais amplos estudos e espaços que fogem ao objetivo próprio desta obra e não se encaixam na visão pontual deste item, no contexto do capítulo e da obra em que se insere: o valor da palavra e da subsequente interpretação desta e as limitações humanas ao livre exame, estudados no contexto da infalibilidade da palavra.

No livro de João, encontramos a seguinte expressão: "[...] e o Verbo era Deus" (João, 1:1), que foi tornada realidade na construção do universo intelectual protestante: Deus é a Palavra. Assim, "signo e significação se superpõem" (Alves, 1979, p. 110).

Importa ressaltar que a proximidade entre o indivíduo e o texto que este lê não garante à consciência que está lendo o entendimento da significação do texto, pois que:

> [...] a palavra sugere uma significação. Mas ela não a contém. A significação não é um fato que me é dado. A significação é algo que eu arranco do texto por meio do processo de interpretação. (ALVES, 1979, p. 111).

A interpretação é o resultado de nossas experiências emocionais e nossos instrumentos intelectuais disponíveis para a "vivência" da leitura. Logo, a leitura não é algo uniforme, que resulte num processo único de interpretação. Por isso era muito perigoso o "livre exame", pois ele traria divisões, como fez no seio da Igreja Católica.

A palavra que libertou foi a mesma que aprisionou a Reforma ao cárcere do poder.

A Reforma, que criticava o *Magisterium* na Igreja Católica, optou pela elaboração de textos que levassem a uma

Alvaro Chrispino

leitura uniforme: eram as *Confissões*, que exerceram funções semelhantes à do *Magisterium*.

Estava morto o "livre exame". Estava estabelecida a infalibilidade da palavra, outorgada por homens, tão humanos quanto seus autores e leitores. Como base, temos os textos de Calvino intitulados *Institutos*, entre outros.

Por volta de 1530, discordâncias, como o tema do livre-arbítrio, fizeram com que Martinho Lutero e Erasmo de Roterdã (1466-1536) se tornassem opositores.

Em 1536, Calvino e Farell publicaram uma *Confissão de fé* com 21 artigos, dos quais um desses artigos dava ao clero plenos poderes sobre os cidadãos.

Em 1541, era criado o consistório, que reunia pessoas da Igreja e do povo com o intuito de julgar o comportamento dos membros da congregação, podendo chegar a excomunhão do considerado culpado.

Em 1568, uma jovem, por ter batido em seus pais, foi decapitada, e um rapaz de 16 anos foi condenado à morte por ter ameaçado sua mãe (Owen, 1982, p. 101).

Mas nem tudo era "harmonia" no conjunto do Protestantismo nascente. Quando Ulrico Zuínglio (1484-1531), seguido por outros reformadores suíços que divergiam na doutrina da eucaristia (Fernández-Armesto e Wilson, 1997), estendeu a mão a Lutero dizendo que "[...] não há na Terra pessoa com que eu mais deseje estar unido, do que convosco", mas este recusou-lhe a mão e disse: "Tendes um espírito diferente do nosso" (Owen, 1982, p. 35).

Miguel Servet (1511-1553), defensor das ideias primitivas do bispo Ário, publicou em 1531 *Os erros da Trindade*, foi traído e queimado pela inquisição protestante.

Sobre ovelhas e lobos: alguns desafios do Movimento Espírita

Mais uma vez, encontramos o divisionismo em torno da disputa pela hegemonia e pela prevalência da interpretação de um grupo sobre a de outros. A busca pelo poder novamente mostra do que é capaz no campo religioso. Fica então a questão: neste aspecto, o que diferencia o Protestantismo do Catolicismo? Eis o que responde Rubem Alves:

> Nada, absolutamente nada. O Protestantismo rejeitou as instituições controladoras da consciência estabelecidas pelo Catolicismo. Mas a sua paixão pelas certezas o levou a criar uma "alternativa funcional". À primeira vista, a solução pode parecer diferente. Mas a função das *Confissões* e do *Magisterium* é exatamente idêntica. (ALVES, 1979, p. 112).

Após apresentar as características do movimento protestante quando de sua instalação no Brasil na sua visão, Rubem Alves apresenta o contraponto histórico-religioso a fim de balizar o trabalho de pesquisa. Faz isso expondo sua visão sobre o movimento católico da época. De acordo com ele:

> A situação da Igreja Católica era exatamente oposta. Temerosa de rupturas, colocava-se ao lado do tradicionalismo. Comprometida com o passado, inimiga da modernidade, inimiga também da secularização e do pragmatismo democrático que minava os fundamentos de uma ordem social sacral, a Igreja Católica acusou o Protestantismo como perigosa força subversiva, ao ponto de ser denunciado como cúmplice (talvez inocente, não importa) do comunismo, pelo então Mons. Agnelo Rossi. (ALVES, 1979, p. 12).

Ao comparar as duas posturas religiosas de forma sintética, Alves reforça:

> É lugar-comum interpretar-se o fenômeno das denominações e seitas protestantes como resultado do livre exame e da liberdade. E, inversamente, compreender a unidade católica como resultado de uma estrutura hierárquica centralizada e monolítica combinada com a interdição do livre exame das Escrituras.
>
> A nossa análise sugere uma inversão desta interpretação.
>
> Perguntamos: Qual a condição para a participação do católico na comunidade eclesial? Um ato intelectual de afirmação doutrinária? Não fundamentalmente. A doutrina é secundária quando está em jogo a participação do "corpo místico de Cristo". O fundamental é a participação mística, emocional, no mistério sacramental. **O sacramento tem prioridade sobre a doutrina. Os sacramentos são meios de graça. As doutrinas não.**
>
> Por isto, os desvios da ortodoxia não são motivo bastante para provocar rupturas. Católicos com ideias teológicas diametralmente opostas podem, a despeito disto, participar dos sacramentos. Não é este o caso do com o protestantismo. O critério para participação na comunidade é a confissão da reta doutrina, como definida pela confissão de fé. **E como a doutrina é definida de forma rigorosa, qualquer desvio intelectual tem de provocar uma ruptura.** Dizendo de uma outra forma: há mais lugar para dissidentes e "hereges" na Igreja Católica que na protestante. É muito mais difícil definir o herege no contexto eclesial católico que no contexto eclesial protestante. (ALVES, 1979, p. 124-125, grifos nossos).

Sobre ovelhas e lobos: alguns desafios do Movimento Espírita

Em recente texto, Frei Betto (2017)[8] analisa a proposta antiga da Igreja Católica, que chamou de projeto de *restauração identitária*, defendido por João Paulo II e Bento XVI, que:

> [...] quer uma Igreja centrada na liturgia e nos sacramentos, na noção de pecado, na submissão dos leigos ao clero. Guarda nostalgia dos tempos em que a Igreja Católica ditava a moral social; merecia a reverência do Estado, que a cobria de privilégios [...]. (FREI BETTO, 2017).

O projeto que se propõe implantar sob a orientação do Papa Francisco, apesar de forte resistência, chama-se *Igreja em saída* e indica:

> [...] uma Igreja descentrada de si e centrada nos graves desafios do mundo atual: preservação da natureza; combate à idolatria do capital; diálogo entre as nações; acolhimento dos refugiados; misericórdia às pessoas; protagonismo dos movimentos populares; centralidade evangélica nos direitos dos pobres e excluídos. (FREI BETTO, 2017).

Parece ficar patente o esforço para buscar-se a centralidade do homem e a construção de sua fé em detrimento da Igreja dos templos de pedras e das regras externas.

Alves (1979) conclui a comparação apontando para os paradoxos dos movimentos religiosos em análise. O **Protestantismo nasce sob a égide do livre exame**, buscando libertar o homem do jugo religioso-político da época, e o movimento protestante, ao longo do tempo, **cria mecanismos**

---

8. FREI BETTO. **Francisco quer a Igreja fora das igrejas**. Coluna Espiritualidade. 25 nov. 2017. Rio de Janeiro: O Globo. Disponível em: <https://oglobo.globo.com/sociedade/religiao/francisco-quer-igreja-fora-das-igrejas-22111721>.

Alvaro Chrispino

de controle e repressão, chegando ao ponto de submeter a interpretação e os comportamentos individuais e sociais a regras da comunidade religiosa instituída. A Igreja Católica, por meio do movimento que a representava, **saiu de conhecido padrão de controle e repressão** – violenta e fatal – que buscava submeter os dissidentes, os divergentes e os diferentes, para um movimento que **acolhe extremos teológicos e ideias religiosas díspares**, mantendo-as sob o mesmo teto religioso por meio da convergência dos sacramentos comuns a todas.

No conjunto de suas reflexões, Rubem Alves apresenta outro tema de importância para este trabalho: o fato de que o Protestantismo se estrutura e se consolida por meio da linguagem. Grande parte do seu texto é reservado para o estudo da construção da linguagem e de sua fluidez, ou melhor, de sua capacidade de representar aquilo que o homem é capaz de interpretar ou necessita representar a partir das próprias percepções e experiências. Ele considera que a linguagem que descreve e interpreta o mundo é uma construção social da realidade.

Neste momento dos estudos analógicos, gostaríamos e chamar a atenção para a semelhança estrutural, no modelo defendido por Rubem Alves, entre o Protestantismo e o Espiritismo. Nesse aspecto, ambos se estruturam em um conjunto de ideias que, organizadas por aqueles que as interpretam, são tomadas como regras a serem seguidas.

Quanto ao Espiritismo, alguns poderão imediatamente te arguir que há um aspecto experimental, científico, objetivo que se materializa nos fenômenos espíritas, e estarão certos. Ocorre que a maioria dos espíritas não convive com esses fenômenos para deixar-se educar por eles. Não realiza-

Sobre ovelhas e lobos: alguns desafios do Movimento Espírita

mos as experiências de outrora, mas ouvimos e lemos sobre as experiências que foram realizadas, e por isso estamos sujeitos à subjetividade das interpretações. A maioria constrói seus fundamentos por meio de dois grandes canais de difusão espíritas: a palavra escrita e a palavra falada, logo temos uma construção resultante de interpretações de linguagens que são difundidas e tidas como modelo ideal. Como não temos sacramentos ou ritos, tal qual os católicos, parece-nos que, como modelo de aproximação didática, assemelhamo-nos ao Protestantismo.

Tivemos oportunidade de tratar desse tema e dessa semelhança em artigo intitulado *Adoradores da Palavra*, publicado na revista *Reformador*,[9] no qual realçamos o risco de utilizarmos o mundo da linguagem para interpretar o mundo de acordo com a nossa necessidade ou mesmo possibilidade. Nem mesmo o conhecimento está isento dessa influência, como asseverado por Gunnar Myrdal:[10]

> A ignorância, como o conhecimento, é orientada por um propósito. Uma carga emocional de conflitos valorativos exige racionalização, criando cegueira em certos pontos, estimulando a necessidade de conhecimento em outros. (MYRDAL, 1969, p. 51).

Poderíamos agora resgatar ideias de Pierre Bourdieu que ajudam a esclarecer alguns comportamentos naturalizados entre indivíduos e suas relações, mas, considerando-se

---

9. CHRISPINO, Alvaro. *Adoradores da Palavra*. In: **Reformador**, n. 1.984, ano 112, maio de 1994. Rio de Janeiro: FEB, p. 10-11.

10. MYRDAL, Gunnar. **Objectivity in social research: the 1967 Wimmer Lecture, St. Vincent College, Latrobe, Pennsylvania**. 1. ed. New York: Pantheon, 1969.

Alvaro Chrispino

a limitação deste trabalho, resgataremos apenas as ideias sobre a linguagem e o seu uso, e também as lutas pela manutenção e conquista do poder.

Sobre a linguagem, Bourdieu escreveu que:

> Desde o momento em que se passa a tratar a linguagem como um objeto autônomo, [...] fica-se condenado a buscar o poder das palavras nas palavras, ou seja, a buscá-lo onde ele não se encontra. (BOURDIEU, 1996, p. 85).

Parece-nos que, mais uma vez, fica claro que precisamos aprender a entender além do que está escrito ou dito. O mundo da linguagem (explícita) esconde valores, intenções e vontades, inclusive do próprio autor da mensagem. As posições que os agentes sociais – indivíduos ou grupos de interesse – ocupam no campo religioso são determinantes na relação de forças e nos confrontos para a manutenção de interesses ou subversão da ordem chamada dominante ou hegemônica. Sobre isso, Bourdieu assevera que:

> [...] em qualquer campo, descobriremos uma luta, cujas formas específicas terão que ser investigadas em cada caso, entre o novo que entra e tenta arrombar os ferrolhos do direito de entrada e o dominante que tenta defender o monopólio e excluir a concorrência. (BOURDIEU, 2003, p. 120).

Não pode ser descartada a hipótese de que os confrontos podem ter como motivação do novo tornar-se hegemônico e do dominante de não permitir concorrência de ideias. Não se pode reduzir esses confrontos ao que se diz ou se escreve. Sempre será necessário ver o que está nas entrelinhas

Sobre ovelhas e lobos: alguns desafios do Movimento Espírita

e nas *sombras*. Por vezes, o que não é dito e o que não é escrito elucidam mais do que aquilo que *salta aos olhos*.

Este comportamento protestante descrito por Rubem Alves é esclarecido pelos estudos de Cavalcanti (2001),[11] nos quais mostra as rupturas entre os seguidores do Protestantismo no século XIX.

3 O desenvolvimento das missões protestantes no século XIX

O trabalho de Cavalcanti (2001) examina a história da chegada e difusão das ideias protestantes a partir da narrativa das missões presbiteriana e batista no Brasil no século XIX. O autor busca entender "[...] as condições históricas nas quais as duas missões se inserem no país e o nível de aceitação da ideologia trazidas por ambas" (Cavalcanti, 2001, p. 61), bem como o que nos interessa mais: a reação da comunidade brasileira na interação com os missionários e o desenvolvimento das missões em terras brasileiras.

O momento histórico em análise coincide com o do Segundo Império. D. Pedro II manteve-se como imperador desde sua coroação, em 7 de abril de 1841, até a proclamação da república, em 15 de novembro de 1889. Este foi um período muito produtivo para o Brasil, que refletia o momento mundial do Iluminismo. Para o fim que desejamos, indicaremos alguns pontos de interesse direto, seguindo a argumentação de Cavalcanti (2001), e deixaremos de tocar

---

11. CAVALCANTI, H. B. *O projeto missionário protestante no brasil do século 19: comparando a experiência presbiteriana e batista*. In: **Revista de Estudos da Religião** – REVER, n. 4, 2001, p. 61-93.

Alvaro Chrispino

em detalhes históricos que tornam o período complexo, com turbulências políticas e religiosas.

Ele elenca três fatores que contribuíram para a expansão das igrejas protestantes no Brasil: a modernização no reinado de D. Pedro II, a presença de imigrantes norte-americanos no Brasil e a relação entre a Igreja Católica e o Estado brasileiro (Cavalcanti, 2001, p. 66).

3.1 A modernização no reinado de D. Pedro II

Nesse período, o Brasil viverá um surto modernizador estimulado pelos interesses do imperador e das elites econômicas. O crescimento da exportação cafeeira, a Guerra do Paraguai (1865-1870), a reestruturação dos sistemas de transporte (ferrovias), das comunicações (correios e telégrafo), o crescimento da produção industrial, a criação de novas instituições financeiras, o código comercial de 1850 e a fundação do Banco do Brasil em 1851, entre outros.

Sobre esse ponto, escreve o autor:

> Quando os missionários chegam ao Brasil, o país desfruta de um contexto social aberto às inovações da época, em certas áreas até progressista, e por que não dizer, liberal. O país conta com um número grande de centros urbanos, de acesso relativamente fácil através da nova rede ferroviária, e com um sistema de comunicações que garante aos missionários um contato mais estreito com as suas igrejas de origem e uma maior integração dos pontos missionários estabelecidos pelo país. É nesse contexto social que a fé trazida pelos protestantes vai encontrar solo fértil em meio a um pequeno segmento da população brasileira. (CAVALCANTI, 2001, p. 69).

Sobre ovelhas e lobos: alguns desafios do Movimento Espírita

3.2 A presença de imigrantes norte-americanos no Brasil

A economia de exportação implantada no período exigiu um número crescente de mão de obra especializada, isso favoreceu a chegada de imigrantes da Europa e dos Estados Unidos, estes últimos garantiram uma base de sustentação tanto para os missionários presbiterianos como para os batistas, que se originavam dos Estados Unidos. O recrutamento de imigrantes tem início em 1820, mas só atinge seu ápice na segunda metade do século, período em que o país custeia até as despesas de transporte deles, chegando a contar com 133.000 imigrantes só no ano 1888 (Cavalcanti, 2001, p. 72).

Os imigrantes contribuirão de duas maneiras mais intensas. A primeira é com os estilos de vida próprios de seus países de origem e com o uso e manejo de tecnologias das mais diversas; a segunda ocorre quando:

> [...] os imigrantes protestantes buscam junto ao imperador proteção para o exercício religioso. Obtida a proteção imperial, eles pedem junto às suas igrejas de origem o envio de clérigos para a comunidade; clérigos que se tornarão os primeiros missionários no Brasil. À proporção que mais protestantes se mudam para o Brasil, o governo relaxa as restrições oficiais de controle das religiões não católicas. Esse espaço motiva o envio de mais missionários e a expansão de suas áreas de atividades para além das comunidades norte-americanas no sul do país. (CAVALCANTI, 2001, p. 72-73).

3.3 A relação entre a Igreja Católica e o Estado

Esse não é tema de fácil narrativa, visto que muitos dos autores tendem a privilegiar o aspecto religioso e dão ênfase ao controle que D. Pedro II possuía sobre a Igreja Católica, que teria causado seu enfraquecimento, enquanto outros preferem enfatizar a necessidade do afastamento entre Igreja e Estado, e relacionam as lutas internas entre os bispos católicos e a Maçonaria, informando acerca do possível enfraquecimento da Monarquia e o surgimento da República. Todas as posições são ricas em detalhes e carregadas de análises possíveis, de acordo com o local do qual olha o analista. Vamos abdicar da tentação de narrar as muitas visões para ater-nos à conclusão de Cavalcanti (2001), permitindo-nos finalizar a análise intencional que desejamos para este trabalho. De acordo com ele:

> Durante o império, D. Pedro II assume a mesma função, através do estabelecimento do Padroado [...], um sistema contratual entre a coroa e o Vaticano, pelo qual o imperador, como defensor da fé, passa a gerir os negócios da Igreja no Brasil como se esta fosse uma das instituições governamentais [...].
> O Padroado enfraquece a Igreja Católica durante a maior parte do século XIX. Controlada pelo governo, a Igreja se vê incapaz de manter até mesmo as suas funções mais básicas, como a formação e sustentação de um corpo de clérigos competente, e a catequese eficaz que garanta a pureza ortodoxa e doutrinária no país. Isso cria uma erosão da fé e prática católica que dura por quase todo o século. (CAVALCANTI, 2001, p. 70).

As missões protestantes históricas chegaram ao Brasil e encontraram aqui uma Igreja Católica estruturada, visto que "a América Latina, como se sabe, 'nasceu' católica" (Oro e Ureta, 2007, p. 281).[12] A seguir, apresentamos as datas de chegada das denominações religiosas ao Brasil:

- 1808 – Igreja Anglicana
- 1824 – Igreja Luterana
- 1855 – Igreja Evangélica Congregacional
- 1859 – Igreja Presbiteriana do Brasil
- 1865 – **Grupo Familiar do Espiritismo, fundado por Luiz Olympio Telles de Menezes, em Salvador**
- 1867 – Igreja Metodista
- 1873 – **Grupo Confúcio, no Rio de Janeiro – Primeira entidade jurídica do Movimento Espírita**[13]
- 1879 – Igreja Cristã Evangélica
- 1882 – Convenção Batista Brasileira
- 1894 – Igreja Adventista do Sétimo Dia

Cavalcanti (2001, p. 82-83) elenca ainda alguns fatores organizacionais que contribuíram para o sucesso das missões protestantes no Brasil, a saber:

---

12. ORO, Ari Pedro; URETA, Marcela. **Religião e política na América Latina: uma análise da legislação dos países**. Horiz. antropol., Porto Alegre, v. 13, n. 27, jun. 2007.

13. Para a comparação que desejamos fazer neste item, utilizamos como ponto de referência para o Movimento Espírita brasileiro o Grupo Confúcio, fundado em 02/08/1873, considerando que este possuía estatutos impressos, tido como "primeira entidade jurídica do Espiritismo no Brasil" (Abreu, 1987, p. 29). Não desconhecemos nem os movimentos neoespiritistas do grupo fundado por Melo Morais e Castro Lopes (1853), nem o Grupo Familiar do Espiritismo, em Salvador (17/09/1865) ou O Eco d'Além-Túmulo (jul/1869), primeiro periódico espírita do Brasil, ambos fundados por Luiz Olympio Telles de Menezes.

Alvaro Chrispino

• O uso de meios de comunicação moderna para propagação da mensagem (uso intenso de gráficas que os ajudaram a criar jornais de circulação local e nacional, panfletos e livretos doutrinários, hinários, materiais de educação religiosa etc.).

• O estabelecimento de uma rede educacional que se estende por quase todo território nacional, garantindo a educação das crianças e jovens.

• A criação de seminários para formação teológica dos clérigos e líderes nacionais (cada uma criou 3 seminários no Brasil).

• O interesse em alcançar várias regiões do país.

Feita a narrativa do contexto, é possível apresentar a diferença nos resultados colhidos pelas duas missões no Brasil. Para melhor entendimento, é necessário identificar os dois diferentes modelos de ação aplicados por batistas e presbiterianos. Para Cavalcanti:

> A maior diferença entre as duas missões é que uma (presbiteriana) tem uma forma eclesiástica mais hierarquizada, enquanto a outra (batista) funciona de modo bastante descentralizado no seu modo de ser igreja. Sociologicamente as igrejas cristãs podem ser catalogadas em três formas eclesiásticas [...]. Existe a forma "episcopal", exemplificado pela Igreja Católica onde o poder é centralizado numa hierarquia de clérigos. Existe a forma "presbiteriana", onde o poder é distribuído entre clérigos e leigos de forma mais representativa, sendo a igreja organizada em várias instâncias jurídicas: o conselho local, o presbitério e o sínodo a nível regional, e o concílio a nível nacional. E existe a forma "congregacional", onde

Sobre ovelhas e lobos: alguns desafios do Movimento Espírita

cada congregação local tem amplos poderes para definir a sua fé e prática religiosa. O modelo presbiteriano se assemelha em parte ao modelo católico vigente no Brasil do século XIX. A única diferença é que no Presbiterianismo o poder é partilhado com os leigos. O modelo batista, no entanto, representa uma nova forma de ser igreja, onde cada congregação tem poder para ordenar seus próprios clérigos e para tomar todas as decisões pertinentes à vida religiosa da igreja. As decisões são votadas numa "sessão" ou "assembleia" local, onde cada membro tem um voto. O modelo congregacional é uma forma de ser igreja altamente voluntarista, se baseando no processo de democracia local que é encontrado no sistema federativo norte-americano. (CAVALCANTI, 2001, p. 82-83)

3.4 Problemas encontrados na implantação das missões protestantes no Brasil

Por fim, recorremos a Cavalcanti (2001) para identificar os problemas encontrados pelas missões protestantes no Brasil daquela época:[14]

---

14. Célia Arribas (2008) informa que: "Na Constituição outorgada de 1824, a liberdade religiosa era concedida, embora com prerrogativas restritivas. Foi através desse dispositivo que o protestantismo se inseriu no Brasil no primeiro reinado (1822-1831), sobretudo o protestantismo de imigração (anglicano e luterano). Mas foi somente durante o Segundo Reinado (1840-1889), a partir dos anos 1870, que o protestantismo de missão penetrou efetivamente em solo brasileiro, respaldado pelo conflito entre a igreja católica e o estado cujo corolário foi o episódio conhecido como 'questão religiosa' de 1870. Foram esses alguns dos fatores que começaram a ameaçar o monopólio da igreja católica".

Primeiro, houve o choque entre a **racionalidade da fé anglo-saxônica** e do **misticismo brasileiro** no que se refere à experiência do sagrado. Enquanto o Presbiterianismo entendia o sagrado num modo disciplinado, ascético, pragmático e racional, seus adeptos brasileiros buscavam a experiência mais imediata do mesmo, mais mística, mais visceral, e por que não dizer, pré-moderna. Em 1879 a Igreja sofre a sua primeira cisão, quando um grupo de presbiterianos cria a Igreja Evangélica Brasileira. Nela, o Protestantismo começa a ser mesclado com um misticismo mais autóctone.

Depois, a **luta pelo controle da Igreja**. Com o advento da República, o Brasil sofre um surto de nacionalismo que afeta a liderança da Igreja. Clérigos nacionais sonham em criar a sua própria versão de Protestantismo e usam o Sínodo de 1903 para tentar avançar a sua causa. A Igreja se encontra fatalmente dividida tanto em termos doutrinários como administrativos. Os clérigos nacionais usam a doutrina presbiteriana para tentar banir do seu meio a participação da Maçonaria (uma boa parte dos missionários eram maçons), ao mesmo tempo em que tentam assumir o controle do seminário e da rede de escolas da Igreja. O conflito gera a criação de uma outra igreja, a **Igreja Presbiteriana Independente**.

[...] Há também outros fatores que contribuem para o maior sucesso da causa batista. **Enquanto os presbiterianos se dividiram em várias denominações** (Igreja Presbiteriana do Brasil, Igreja Evangélica Brasileira, Igreja Presbiteriana Independente) perdendo líderes e fiéis num período muito importante da formação da

Sobre ovelhas e lobos: alguns desafios do Movimento Espírita

> igreja, **os batistas souberam se manter coesos e administrar as suas desavenças.** As desavenças dos presbiterianos também indicam uma diferença importante entre as duas missões. De certa forma a ênfase presbiteriana na retidão de doutrina quase garante uma maior desavença na prática da fé. **Quando a doutrina é o centro da fé, existe sempre a possibilidade de múltiplas interpretações e conflitos de opiniões. A ênfase batista, por outro lado, é mais prática, voltada para uma vida a serviço da evangelização e da congregação local. Isso evita que o fiel batista se preocupe em demasiado com discussões acadêmicas e interpretações esotéricas da doutrina, garantindo uma maior coesão à sua comunidade da fé.** (CAVALCANTI, 2001, p. 76 e 85, grifos nossos).

O rico exemplo estudado por Cavalcanti, mesmo que reduzido a duas denominações protestantes, permite-nos refletir sobre as práticas e reações dos brasileiros daquela época às duas abordagens diferentes.

A abordagem batista, que o autor categoriza como congregacional, dá liberdade às congregações para propor regras e rotinas para as suas igrejas. Ele atribui a este modelo de liberdade de fazer o êxito dos batistas na implantação de suas crenças no Brasil daquela época.

A abordagem dos presbiterianos era diferente: eles buscavam manter a coerência e a coesão das ideias que caracterizavam sua denominação. O resultado foi uma série de reações que acarretaram a divisão da comunidade presbiteriana em Igreja Presbiteriana do Brasil, Igreja Evangélica Brasileira e Igreja Presbiteriana Independente, resultante da maneira de os brasileiros reagirem às ideias originais.

Alvaro Chrispino

O autor chega a escrever que "seus adeptos brasileiros buscavam a experiência mais imediata do mesmo, mais mística, mais visceral" (Cavalcanti, 2001, p. 76).

Por fim, ao buscar explicar as diferenças, ele sintetiza:

> Quando a doutrina é o centro da fé, existe sempre a possibilidade de múltiplas interpretações e conflitos de opiniões. A ênfase batista, por outro lado, é mais prática, voltada para uma vida a serviço da evangelização e da congregação local. (CAVALCANTI, 2001, p. 85).

Parece-nos possível alguma analogia desses modelos com o que se tem no Espiritismo e no Movimento Espírita brasileiro. O Espiritismo busca uma convergência de ideias por meio da *universalidade dos ensinos espíritas*, que resultou na Codificação Espírita. É um ponto que deve servir de *norte*, de diretriz. Já o Movimento Espírita, que resulta das interpretações que os homens fazem das ideias espíritas, assemelha-se ao modelo congregacional, que vingou no Brasil porque permitiu que cada congregação criasse suas próprias regras locais. Somam-se a isso as divergências e dissensões que dividem grupos espíritas como resultado de interpretações, dinâmicas e/ou rotinas absolutamente pessoais (ou de grupos de interesse), locais e idiossincráticas.

Podemos inferir sobre a semelhança dos esforços presbiterianos – a doutrina é o centro da fé – com a proposta espírita de unificação por meio de princípios gerais obtidos pela universalidade dos ensinos. Há, em paralelo, uma tendência histórica de adequações dos princípios da Doutrina pela congregação local e seus interesses.

Sobre ovelhas e lobos: alguns desafios do Movimento Espírita

4 A chegada do Espiritismo no Brasil

A chegada do conhecimento espírita ao Brasil e o seu desdobramento são retratados por diversos autores espíritas e também por não espíritas. Entre os não espíritas, que de alguma forma tomaram o Movimento Espírita como objeto de estudo, está Giumbelli (1997), que informa:

> [...] o que se escreveu sobre o Espiritismo até agora não apresenta a densidade da literatura que versa sobre o que se convencionou chamar de 'religiões afro-brasileiras', nem a abundância que a preocupação com grupos pentecostais tem gerado, nem a continuidade das abordagens sobre a história e a atualidade das instituições católicas. (GIUMBELLI, 1997, p. 16).

Tivemos oportunidade de publicar na revista *Reformador*[15] um levantamento de teses de doutorado e de dissertações de mestrado que se utilizavam do tema Espiritismo e outras palavras-chaves correlatas (espírita, Kardec, Chico Xavier etc.). Na época da publicação, foi possível identificar 61 teses e dissertações defendidas. Uma consulta ao Banco de Teses da CAPES somente com a palavra-chave espiritismo apresenta 256 produtos (179 dissertações de mestrado e 73 teses de doutorado), desde 1988 até 2017.

Uma dessas pesquisas foi a de Sandra Stoll, intitulada *Entre dois mundos: o Espiritismo da França e no Brasil*, defendida na área de Antropologia Social, na USP – Universidade de São Paulo, em 1999, depois publicada em livro

---

15. CHRISPINO, Alvaro. *O perfil da produção acadêmica brasileira sobre o Espiritismo*. In: **Reformador**, n. 2.104, ano 122, julho de 2004. Rio de Janeiro: FEB, p. 39-41.

Alvaro Chrispino

(Stoll, 2003). No seu estudo, Stoll busca entender o perfil do Espiritismo no Brasil, ao qual ela chama de "Espiritismo à brasileira", dividindo-o em três etapas. A primeira o Espiritismo como o organizou Allan Kardec, o Espiritismo que se desenvolveu no Brasil estudado em duas categorias representadas pelos conceitos de tipos-ideais: Chico Xavier (Ética da Santidade) e Luiz Gasparetto (Ética da Prosperidade). Diz Stoll (2003) que:

> A história do Espiritismo tem sido construída de uma perspectiva **comparativa e relacional**, que se consolida por dois ângulos: de um lado, o que define o Espiritismo "à brasileira" são diferenças que se observam na **sua prática, em contraposição àquelas que vigoram inicialmente na França**; de outro, singulariza-o a forma como veio a **se inserir no campo religioso local** [...]. (STOLL, 2003, p. 57).[16]

---

16. Deixamos de apresentar o trecho "dialogando mais proximamente, conforme assinala a maioria dos autores, com as religiões de tradição afro" e o indicamos aqui para garantir a integridade do texto da autora. Entretanto, discordamos desta posição de relacionar a ação religiosa com os cultos afro de forma exclusiva. Silva (2005) escreve que "[...] desde sua chegada ao Brasil, [...] seus adversários tentaram igualá-lo às crenças afro-brasileiras. Assim expressava-se a Igreja, ainda no século XIX, em seu primeiro documento condenando o Espiritismo: a Pastoral de 1867 do Arcebispo da Bahia D. Manoel Joaquim da Silveira. E também o bispo Boaventura Kloppenburg em seu livro *A Umbanda no Brasil*, no qual identifica Espiritismo e Umbanda". Da mesma forma, a proposta de *continuum mediúnico* proposto por Procópio Camargo. A hipótese de interação entre a ideia que chega e a ideia local existente se dá no conjunto dos valores e crenças. Para melhor esclarecimento acerca das diferenças entre o Espiritismo e a Umbanda, e a maior aproximação desta com o Catolicismo, indicamos a obra *Africanismo e Espiritismo*, de Deolindo Amorim, publicada pela Edições Léon Denis.

Sobre ovelhas e lobos: alguns desafios do Movimento Espírita

Para iniciar suas discussões, (1) resgata diferenças práticas entre o Espiritismo no Brasil e na França, em seus primeiros momentos, e a inserção do Espiritismo no leito religioso existente no Brasil, e (2) apresenta dois importantes autores a fim de contribuir para o melhor entendimento dos fenômenos percebidos com o Espiritismo no Brasil: Marshall Sahlins (1990) e Clifford Geertz (1994).

Sahlins (1990), em sua obra *Ilhas de história*, que reúne estudos sobre sociedades insulares: Havaí, Fiji e Nova Zelândia, como citado Stoll (2003), escreveu que:

> [...] agindo a partir de perspectivas diferentes e com poderes sociais diversos para a objetivação de suas interpretações, as pessoas chegam a diferentes conclusões e as sociedades elaboram os consensos, cada qual a sua maneira. (SAHLINS, 1990, apud STOLL, 2003, p. 58).

Após isso, desdobra a observação de Sahlins e propõe que o "Espiritismo à brasileira":

> [...] trata-se, portanto de uma reinterpretação, de uma particularização cultural e histórica de ideias e práticas concebidas com pretensão de universalidade. Nesse sentido, o Espiritismo "à brasileira" seria uma versão original e não um produto "menor", "adulterado" ou desviante. (STOLL, 2003, p. 58).

Logo, fica a ideia clara de que o fenômeno brasileiro é conhecido dos especialistas e está de alguma forma documentado. O fato a ser estudado mais adiante é quanto o *fato conhecido* nos afasta da tarefa esperada pela difusão da mensagem espírita, quanto a reinterpretação local oferece outro "norte" que não aquele original e quanto as interpretações

Alvaro Chrispino

locais esperadas disputam entre si a primazia de melhor representar a mensagem original.

Geertz (1994), em sua obra *Observando el Islam: el desarrollo religioso en Marruecos e Indonesia*, analisa comparativamente o desenvolvimento do Islamismo como religião hegemônica nas duas culturas, nas quais ele se desenvolveu de forma absolutamente diversa. Sobre esse ponto, Stoll (2003) escreve que:

> No Marrocos, onde a difusão do Islamismo se confunde com o processo de construção nacional, caracteriza a religiosidade local um "rigorosismo intransigente". Ou seja, por meio de um "fundamentalismo agressivo" [...], o Islamismo tende a "impor a ortodoxia a toda a população" [...] "como um credo exclusivo, austero e enfático", imposto por meio de uma "**prática ativista, rigorosa e dogmática**"[...].
> Já na Indonésia, onde se difundiu mais tarde e se mesclou com correntes diversas do Hinduísmo, suas características são outras. Especialmente em Java, onde se concentra a população muçulmana, o Islamismo assumiu "um matiz perceptivelmente teosófico", o que significa que nessa localidade se expressa por meio de práticas de cunho "**quietista, iluminacionista, cerimonialista**" etc. (STOLL, 2003, p. 60, grifos nossos).

Diante disso, Stoll recupera a reflexão vital trazida por Geertz e diz que esses fenômenos registrados por ele se dão em dois movimentos antagônicos: (I) o de difusão do sistema universal de crença, sendo que para isso ele precisa adequar-se às realidades locais e (II) a luta pela manutenção de suas

Sobre ovelhas e lobos: alguns desafios do Movimento Espírita

diretrizes específicas, mantendo vivos e ativos os seus princípios gerais que o identificam como religião.

No que se refere ao item I dos movimentos de Geertz, parece-nos claro para a implantação do Movimento Espírita no Brasil foi absorvido pela elite no momento de sua chegada, por meio das leituras em francês inicialmente, e depois pelas obras traduzidas, para num segundo momento ser acolhido pela grande massa, que o impregnou de suas práticas e crenças. Concordam com esse processo diversos autores que trataram de forma direta ou não do fenômeno, tais como Cândido Procópio Camargo (1960), ao escrever que:

> Tanto a doutrina, como especialmente a prática espírita, ganharam no Brasil novo alento, desenvolvendo conotações e ênfases especiais que as adaptaram à realidade brasileira. A história dessa adaptação é um aspecto [...] da constituição de uma religião original entre nós. (CAMARGO, 1960, p. 8, apud STOLL, 2003, p. 54).

Em outra obra, escrita posteriormente, Camargo (1973) afirma que, no Brasil, "o aspecto religioso torna-se preponderante, em contraposição ao filosófico e científico" (Stoll, 2003, apud Camargo, 1973, p. 162). Acompanham essa posição de forma mais direta ou não Machado (1997), Ortiz (1991), Aubrée e Laplantine (1990) especialmente.

Stoll conclui sobre a existência de espíritas "científicos" e "religiosos", "confronto que sugere a convivência de interpretações divergentes da doutrina num mesmo contexto social e histórico" (Stoll, 2003, p. 280), e escreve ainda que, "como outras religiões, portanto, o Espiritismo comporta no Brasil diferentes versões", com personagens que "sintetizam códigos de conduta ética distintos" (Stoll, 2003, p. 281).

Alvaro Chrispino

Podemos sintetizar da pesquisa de Stoll que ela defende a existência de um Espiritismo à brasileira, resultante da simbiose com a ideia original do Espiritismo e do conjunto de crenças e valores religiosos aqui existentes. Apresenta fundamentação teórica demonstrando que esse tipo de comportamento social e histórico já é conhecido. Conclui falando das diferenças de posição e, para nossa surpresa, deixa claro que há diferenças de condutas éticas, o que, no mínimo, deve ser motivo de reflexão, visto que as diferenças não moram mais na forma, mas atingem a essência do Espiritismo.

Considerando-se o traço histórico-cultural do Brasil, produzindo dissonâncias cognitivas importantes, a herança religiosa católica e a nova proposta de entendimento do mundo pelo Espiritismo, entende-se melhor a amálgama surgida à época e que resultou na difícil definição da fronteira que separava os espíritas novos e os católicos antigos.

Para melhor entender essa chamada diferença entre os ditos científicos e os chamados religiosos, apresentaremos sinteticamente os resultados de Emerson Giumbelli, em sua obra *O cuidado dos mortos: uma história da condenação e legitimação do espiritismo*, de 1997.

5 O Espiritismo no Brasil do século XIX

Emerson Giumbelli defendeu sua dissertação de mestrado no programa de Antropologia Social, na Universidade Federal do Rio de Janeiro, em 1995, com o título *O cuidado dos mortos: discursos e intervenções sobre o espiritismo e a trajetória da Federação Espírita Brasileira (1890-1950)*, publicada posteriormente pelo Arquivo Nacional, visto ter sido agraciada com o Prêmio Arquivo Nacional de 1997, resultando em obra de mais de 300 páginas da qual buscaremos extrair de forma intencional os dados que colaboram para nossa análise.

Ao descrever a situação do Espiritismo naquele tempo, Giumbelli informa que este sofreu ataques de diversos segmentos e atores sociais, e isso:

> [...] permitiu que o espiritismo fosse feito "heresia" para o poder religioso, "fenômeno" para um poder científico, "crime" para o poder judiciário, "doença" para um poder médico, "notícia" para um poder jornalístico. (GIUMBELLI, 1997, p. 36).

O autor faz detalhada narrativa sobre a formação do Movimento Espírita no período e apresenta a diferença de interpretação dos textos doutrinários que permitiu que houvesse uma forte dicotomia entre os seguidores: a chamada diferença entre os "científicos" e os "religiosos". Manuseando artigos da época, demonstra que ambos os grupos possuíam *marcos comuns* e que seus discursos divergiam na forma, mas se aproximavam nos fundamentos. Falava-se de uma *ciência religiosa* ou *religião científica.*

Ele defende, pois, que houve motivações externas para que o aspecto religioso fosse, de alguma forma, incentivado pelos problemas enfrentados pelos médiuns receitistas do Rio de Janeiro após o Código Penal de 1890, que criminalizava:[17]

- Ação sem habilitação profissional (art. 156).
- Curar no espiritismo (art. 157).
- Homeopatia (art. 158).

---

17. Célia Arribas informa que "a validade desses artigos estendeu-se até a Constituição de 1964" (2008, p. 90).

Alvaro Chrispino

Os médiuns responsáveis pelos atendimentos aos doentes em grande número à época foram perseguidos e tiveram que responder à justiça com base nos três artigos indicados. O primeiro processo surge contra Leopoldo Cirne, então presidente da FEB, que foi arquivado porque a "FEB não pode ser ré".

O segundo processo foi instaurado contra o médium Domingues Filgueiras, em 1905, e criou jurisprudência para casos semelhantes. Eliezer Tavares, juiz dos Feitos da Saúde Pública, aceita a denúncia e estabelece as primeiras regras de análise que servirão de jurisprudência, apesar de informar que não estão presentes os itens corretos no processo, o que não o impede de julgar o caso sob a hipótese de terem sido cumpridas as formalidades. Eis o que escreve Giumbelli (1997):

> Segundo Eliezer Tavares, o texto do código penal incriminaria apenas os que exerciam a arte de curar de forma a caracterizá-la como uma profissão. E enquanto profissão, supõe-se, antes de tudo, que a medicina seja definida por uma determinada habilitação especificada por lei e regulamentos. Ora, "não é possível, conclui ele, que o indivíduo se habilite do exercício da medicina pela mediunidade".

> A partir daí o juiz passa a discutir a natureza da 'mediunidade', estando anteriormente estabelecido que ela não pode habilitar ninguém para a medicina. Para defini-la de "um ponto de vista científico ele pede emprestado algumas noções de um certo *Tratado de Hipnotismo*, a partir do qual conclui que não se pode desprezar como fraudulentos os 'fenômenos espíritas'. Afinal de contas, muitos cientistas se debruçam com seriedade sobre eles e é bastante supor a existência de

'forças naturais ainda desconhecidas'. No caso da 'mediunidade', portanto, é mais provável que haja sinceridade por parte de seu protagonista, que se encontra efetivamente despossuído de si. Ou seja, "[...] o médium não é senão o transmissor das revelações dos espíritos" e, nesse caso, é apenas o intermediário de forças que o ultrapassam, "ou não passa de um alucinado sem o saber" e, nesse outro caso, é enganado por sua própria psicologia. De todo e qualquer modo, o 'médium' é um indivíduo privado dos atributos ordinários de consciência e volição e, nesse sentido, 'não é passível de responsabilidade penal'.

Essa teria sido uma opinião radical e surpreendente se a arguição do juiz terminasse neste ponto. Entretanto, lembremos que sua discussão dá-se da negação da 'mediunidade' como uma modalidade de exercício da medicina. Assim, não tem muita importância que se questione a cientificidade daqueles argumentos; "a faculdade de cura atribuída aos espíritos [...] constituiria, em argumentos em todo o caso, matéria de crença ou de fé religiosa, porque o espiritismo é também uma religião". Enquanto 'crença', o 'espiritismo' não necessita possuir qualquer base objetiva; torna-se uma questão de consciência individual, de opinião, tendo, portanto, o direito de gozar das garantias impostas constitucionalmente. A 'mediunidade' então, é, no mínimo, objeto de crença legítima, podendo até ser uma realidade pouco conhecida em sua natureza e em seus poderes. Não é todo modo, algo que habilite ao exercício da medicina.

Posto isto, o juiz passa a justificar a ausência de outra das condições necessárias para caracterizar

Alvaro Chrispino

> o exercício da medicina: a exploração habitual de um ofício. Agora, suas considerações são dirigidas para a individualidade de Filgueiras: este ignora e não pratica a medicina; sua atividade na Federação não rende qualquer remuneração pecuniária; finalmente, sabe-se que ele tem outra profissão. Percebe-se que o juiz procura fazer uma distinção nítida entre o Filgueiras-médium e o Filgueiras-empregado da Alfandega: quem receita e dá conselhos de saúde é apenas o primeiro, mas isso não constitui exercício da medicina, seja porque efetivamente Filgueiras não tem nenhuma responsabilidade sobre seus atos, seja porque sua prática se constitui em objeto de crença. É por isso que o réu seria absolvido mesmo se todas as formalidades legais estivessem preenchidas e mesmo que a perícia resultasse positiva. (GIUMBELLI, 1997, p. 142).

Após isso, ao longo da obra, Giumbelli informa sobre debates envolvendo o conceito de mediunidade que atenda aos preceitos capazes de caracterizar a atividade como ação típica da religião, o que o abrigaria sob a proteção dos preceitos constitucionais. Ele se utiliza de pesquisas realizadas em números antigos da revista *Reformador* e apresenta a mediunidade ora como *faculdade*, ora como *dom*. De acordo com o texto, teríamos inicialmente a visão de mediunidade como faculdade, conforme proposto para a Escola de Médiuns (1889 e já registrada também em *Reformador* de 15 de maio de 1887), que recomenda aos médiuns que sejam indivíduos com conhecimento profundo da Doutrina Espírita. Sobre essa maneira de interpretar a mediunidade e os médiuns, escreve Giumbelli:

Sobre ovelhas e lobos: alguns desafios do Movimento Espírita

> [...] É essa também a orientação predominante da 'Escola de Médiuns' implantada pela FEB em 1903 (Reformador, 15.04.1903), em cujos objetivos transparece bem a ideia do 'médium' como indivíduo possuidor de faculdades a serem desenvolvidas e orientadas.

> [...] O surgimento da tese de que os receitistas agiam como portadores de um *dom* não alcançado pelas leis humanas fortaleceu a posição que defendia a mediunidade como *dom,* que passou a imperar nas escolas de médiuns (Imitador de Jesus, Reformador, de 7 e 8/1910). (GIUMBELLI, 1997, p.182-183).

A hipótese de Giumbelli se apoia na ideia de que a difusão do Espiritismo como religião, naquele período e naquelas condições, era uma alternativa de proteção em face dos ataques jurídicos que enfrentava, mesmo indicando as profundas divergências entre os próprios espíritas. E sobre isso ele esclarece que as divergências não estão explícitas nas obras da Codificação, mas sim na interpretação que os espíritas faziam dela: "[...] não parto, assim, das obras de Kardec e sim da leitura que delas fazem seus discípulos no Brasil [...]" (Giumbelli, 1997, p. 68), e ainda identifica que tais divergências eram de pleno conhecimento do Movimento Espírita da época: "A diversidade de práticas e interpretações filiadas ao espiritismo era apontada pelos próprios adeptos [...]" (Giumbelli, 1997, p. 69).

O mesmo Giumbelli, funcionando como observador externo, escreve que estes adeptos seguem as obras de Allan Kardec, nas quais a

> "[...] **doutrina nelas expostas constitui-se como produto de uma conciliação entre ciência' e 'religião'.** Enfatiza-se o fato de que, embora o

Alvaro Chrispino

Espiritismo se apresente como revelação divina e possua diversas conotações morais, sua doutrina se constitui a partir de procedimentos supostamente experimentais capazes de explicar racionalmente certos fenômenos. No caso do Espiritismo brasileiro, é como se essa complementaridade tivesse se rompido, havendo, por um lado, **a formação de facções às quais corresponderiam apenas parte do legado de Kardec e, por outro, a predominância geral do aspecto 'religioso' em detrimento do aspecto científico.** (GIUMBELLI, 1997, p. 65-66, grifos nossos).

Evidencia-se que os "movimentos espíritas" que se organizam apenas como "religiosos" e/ou "científicos", ou outros tantos, não são capazes de alcançar, quer pelo intelecto, quer pela emoção, ou por ambos, o estágio de síntese apresentado a Kardec pelos imortais: que o Espiritismo é Ciência, Filosofia e Religião (moral).

Parece-nos claro que o Movimento Espírita vem encontrando dificuldade em realizar nas suas práticas o tríplice aspecto apresentado por Kardec, defendido por diversos Espíritos em comunicações numerosas, a exemplo de Yvonne do Amaral Pereira:[18]

O Espiritismo é a ciência religiosa dos tempos modernos e das criaturas que anelam por uma religião científica, a fim de que, abraçadas, essas duas alavancas do progresso ofereçam a filosofia especial para a conquista da felicidade plena pela qual todos almejam, e a conseguirão. (FRANCO; PEREIRA, 2014, p. 155).

---

18. FRANCO, Divaldo Pereira; PEREIRA, Yvonne do Amaral [Espírito]. *Doutrina ímpar*. In: **Compromissos de amor**. 1. ed. Salvador: LEAL, 2014.

A descrição da fragmentação do Movimento Espírita daquela época é ratificada pela narrativa do Espírito Manoel Philomeno de Miranda (2002),[19] quando lembra seu tempo encarnado (início do século XX) como participante ativo do Movimento Espírita:

> Mesmo naqueles já distantes dias, em número reduzido que éramos, ao invés de uma legítima união grassava entre nós o escalracho destruidor e perigoso, as suspeitas e acusações infundadas, exigindo serenidade e amor em relação aos irmãos invigilantes (FRANCO; MIRANDA, 2002, p. 320).

A posição de Giumbelli (1997) e muitos outros busca explicar o perfil do Espiritismo por conta da pressão externa e da procura por uma conformidade que permitisse uma melhor realização de seus propósitos.

Célia Arribas (2008), em sua dissertação de mestrado em Sociologia, após detalhada descrição da implementação do Espiritismo no Brasil, apresenta uma visão divergente. Segundo ela:

> Claro está, por outro lado, que essas pressões de uma forma ou de outra acabaram por interferir no modo de agir do espiritismo brasileiro tempos depois, já que ele se viu tolhido em suas possibilidades de atuação. Entretanto, enxergá-lo em sua formação como sendo tão somente o resultado de pressões externas de outros campos – médico, jurídico, científico – é mais uma vez menosprezar uma análise interna dos móveis de ação que

---

19. FRANCO, Divaldo Pereira; MIRANDA, Manoel Philomeno de [Espírito]. **Sexo e obsessão**. 1. ed. Salvador: LEAL, 2002.

Alvaro Chrispino

impulsionaram (e continuam impulsionando) os agentes envolvidos (ARRIBAS, 2008, p. 197).

Ela defende de forma clara que há uma origem católica nas interpretações dos grupos espíritas iniciais:

> Houve uma guerra simbólica na qual contenderam várias vertentes de interpretação do espiritismo, todas com a mesma finalidade: **ter para si o poder legítimo de ditar o que era ou não espiritismo.** Longe de ser uma estratégia de defesa contra pressões externas, a criação do espiritismo religioso foi resultado de pesados investimentos. Foi preciso muito trabalho *religioso* para organizá-lo, sistematizá-lo e, principalmente, inculcá-lo na vida de seus adeptos. Por isso, não se pode entender sua formação peculiar no Brasil, ou a formação das fronteiras demarcadoras de sua identidade, como se o espiritismo tivesse sido emoldurado somente por discursos e forças externas a ele; como se a decisão de se tornar uma religião, e uma religião cristã que adota práticas de prestação de auxílio gratuito, fosse tomada apenas para escapar ileso ao Código Penal ou como forma de poder atuar sem maiores pressões dos demais campos. (ARRIBAS, 2008, p. 197, grifos nossos).

Desse modo, podemos identificar muitas correntes que buscam explicar o perfil do Movimento Espírita no Brasil. Dessas, duas correntes distintas chamam a nossa atenção para o encaminhamento deste trabalho. Uma delas, que exemplificamos com Giumbelli (1997), defende de forma sintética que o perfil religioso se acentuou por conta das perseguições sofridas nos trabalhos de auxílio ao próximo, especialmente os médiuns receitistas, acarretando a busca pela proteção constitucional do manto religioso. A outra informa que isso não basta para explicar todo o processo. Na verdade, houve luta pela hegemonia de posições diferentes que buscavam definir o que se entendia por Espiritismo, entre outros itens. Sobre o divisionismo do Movimento Espírita à época, escreve Célia Arribas (2008):

> Dessa forma, o panorama do espiritismo brasileiro no final do século XIX se mostrava bastante rico, pelo menos no que diz respeito à quantidade de grupos que o seguiam. Muitos espíritas defendiam a posição de que se deveria estudar apenas *O livro dos espíritos*, sendo o espiritismo encarado apenas como ciência. Os estudiosos dos demais livros de Allan Kardec eram chamados de *kardecistas* (Abreu, 1996, p. 9). Assim, o grupo de *científicos*, também chamado de *Espiritismo Científico*, que abrangia subgrupos, tendo destaque os *Psiquistas* e os *Ocultistas*, estava exclusivamente preocupado com o que chamavam de experiência fenomenológica. Sua atenção estava voltada para os "fenômenos" espíritas, ou seja, para as aparições dos espíritos e seus efeitos (materialização, sonambulismo, hipnotismo). Desprezavam a filosofia espírita e principalmente o seu aspecto religioso.
>
> O grupo dos *místicos* ou *religiosos* era o mais numeroso, abrangendo os subgrupos que estavam mais preocupados com o lado religioso do espiritismo, atendo-se à moral cristã. Dentre os subgrupos, destacavam-se os *roustainguistas*, os *ismaelinos*, os *kardecistas*, os *teosofistas* e os *swedenborguistas* (Abreu, 1996, p. 9).

Alvaro Chrispino

Espiritismo puro significava que nem era *científico*, nem *místico* ou *religioso*. **O grupo se encontrava no centro das duas definições, mas com tendências ao olhar filosófico; foi o que menos força teve na disputa simbólica da definição do que era (ou não) espiritismo.** Talvez por ser o mais tolerante, não investiu pesadamente nesse jogo assim como fizeram os científicos e os místicos. **Além disso, o campo filosófico era bastante precário no Brasil, não chamando o espiritismo a atenção dos quase inexistentes adversários filósofos, diferentemente dos muitos adversários cientistas e católicos.** (ARRIBAS, 2008, p. 72-73, grifos nossos).

Buscando demonstrar o equívoco do falso dilema "Religião *versus* Ciência", cabe aqui a informação de George F. Kneller (1980),[19] quando trata da maneira como os renomados cientistas da *Royal Society*[20] se relacionavam com os temas Deus e religião. Escreve Kneller (1980) que:

[...] a maioria dos membros da *Royal Society* [de Londres] eram profundamente religiosos e acreditavam que a ciência, como a teologia, era um modo de provar a existência e a generosidade de Deus. Newton, por exemplo, procurou mostrar que Deus estava "ativo" no mundo. Sustentou que o universo e seus corpos constituintes consistiam principalmente em espaço vazio através dos quais a gravidade e outras forças atuam instantaneamente. Afirmou que, na ausência de um veículo material para transportá-las, os

---

19. KNELLER, George F. **A ciência como atividade humana**. 1. ed. Rio de Janeiro: Zahar, 1980.
20. *The Royal Society of London for Improving Natural Knowledge*, fundada em 1660.

efeitos dessas forças tinham que ser transmitidos por intermédio do próprio Deus.

[...] Hoje, a teoria da evolução é aceita pela grande maioria dos cientistas religiosos e a Religião e a Ciência são consideradas, em geral, interpretações complementares e não conflitantes da natureza. A Ciência, nesse ponto de vista, investiga o mundo físico, enquanto que a Religião imprime um significado à vida do homem. Na verdade, quando leio História, observo que o pensamento científico tem sistematicamente muito em comum com a teologia. As maiores teorias da Ciência foram cosmológicas – isto é, interessadas na natureza última do universo como um todo – e alguns dos maiores cientistas em tempos recentes (como testemunharam Faraday, Maxwell, Planck e Einstein) foram homens religiosos, na mais ampla acepção desta palavra. (KNELLER, 1980, p. 212-213).

A aproximação da Ciência com a Religião fica mais patente ainda quando lembra a frase de Max Planck: "A Ciência empenha-se em aproximar-se de Deus, porque ela busca os absolutos por Ele criados" (Kneller, 1980, p. 164). A mesma ideia pode ser percebida na conhecida frase de Einstein "a ciência sem religião é manca, a religião sem a ciência é cega" (Jammer, 2000, p. 14).

Apesar de não ser objeto desta obra, cabe aqui uma digressão sobre como se discute ciência contemporaneamente, pelo viés da filosofia e sociologia da ciência, afastando a

Alvaro Chrispino

falsa ideia de que a Ciência é exata, neutra, superior e inquestionável. Os que proclamam a supremacia da chamada ciência o fazem baseados no empirismo, indutivismo ou observação científica. Ocorre que é corrente entre os filósofos da Ciência que:

> Existem duas suposições importantes envolvidas na posição indutivista ingênua em relação à observação. Uma é que *a ciência começa com a observação*. A outra é que *a observação produz uma base segura* da qual o conhecimento pode ser derivado. (CHALMERS, 1993, p. 45, grifos do original).[21]

A obra de Chalmers é um texto introdutório ao tema, e, mesmo evitando as fontes primárias que ele indica ao final de cada capítulo, somos capazes de apresentar alguns pontos de reflexão sobre o fato de que toda observação pressupõe um arcabouço teórico anterior ou que não há observação neutra. De acordo com ele, os indutivistas fazem:

> [...] uma distinção entre a maneira pela qual uma teoria é primeiro pensada ou descoberta por um lado, e a maneira pela qual ela é justificada ou quais seus méritos avaliados, por outro. De acordo com essa posição modificada, admite-se livremente que novas teorias são concebidas de diversas maneiras e, frequentemente, por diversos caminhos. Elas podem ocorrer ao descobridor num estalo de inspiração, como ocorreu com Newton na mítica história da descoberta da lei da gravidade como sendo precipitada por ele ao ver uma maçã caindo de uma árvore.

---

21. CHALMERS, Alan F. **O que é ciência afinal?**. 1. ed. São Paulo: Brasiliense, 1993.

Sobre ovelhas e lobos: alguns desafios do Movimento Espírita

Alternativamente, uma nova descoberta pode ocorrer como resultado de um acidente, como Roentgen foi levado à descoberta dos raios X pelo constante enegrecimento das chapas fotográficas guardadas na vizinhança de seu tubo de descarga. Ou, novamente, pode-se chegar a uma nova descoberta após longa série de observações e cálculos, como foi exemplificado pelas descobertas de Kepler de suas leis do movimento planetário. As teorias podem ser, e geralmente são, concebidas antes de serem feitas as observações necessárias para testá-las. Além disso, de acordo com este indutivismo mais sofisticado, atos criativos – os mais originais e significativos, que exigem gênio e envolvem a psicologia dos cientistas individuais – desafiam a análise lógica. A descoberta e a questão da origem de novas teorias ficam excluídas da filosofia da ciência. (CHALMERS, 1993, p. 59-60).

Por tal, é comum fazer-se uma distinção entre o *contexto da descoberta* e o *contexto da justificação*, como propôs Reichenbach em 1938.[22] No primeiro estão contidas as informações singulares sobre as motivações (hipóteses metafísicas, crenças religiosas, interesses de diferentes ordens) e a maneira como foram feitas as descobertas, e no segundo, a maneira como os críticos exercitam os esforços para confirmar ou não a descoberta, dando ênfase aos resultados. Echeverria (1998, p. 53) lembra o exemplo de Kepler, que partiu de uma analogia da Santíssima Trindade e do Sistema Solar. Fica patente que a observação é carregada de teo-

---

22. REICHENBACH, Hans. **Experience and prediction**. 1. ed. Chicago: University of Chicago Press, 1938.

ria prévia, da mesma forma que a relação entre o avaliador e o experimento sofre ação das ideias, valores, expectativas etc. A chamada *Tese Duhem-Quine* explicita que, grosso modo, a experimentação solicita conhecimentos, valores e crenças prévias. Sendo assim, precisamos ter cuidado quando evocamos a expressão *cientificamente comprovado*, visto que ela pode ser tão dogmática quanto a expressão que esses seguidores desejam desqualificar, que é a visão dita religiosa dogmática.

O fato é que já eram patentes as divergências na interpretação doutrinária, mesmo quando parece óbvio que a visão chamada *cientificista* do Espiritismo não deixa de indicar que esse conhecimento deve servir para a transformação do homem, nem quando a corrente intitulada *religiosa* advoga a necessidade de se conhecer o aspecto científico do Espiritismo a fim de consubstanciar a proposta de transformação a partir de melhor entendimento do homem e do mundo. É evidente a luta pela posição de liderança pela hegemonia das ideias e interpretações doutrinárias.

As informações históricas apontadas por profissionais de diversas áreas do conhecimento que se debruçaram sobre a formação do Movimento Espírita brasileiro vão nos servir como moldura para entendermos o que se vivia à época. Feito isso, podemos agora melhor entender o contexto no qual surge grave advertência do codificador ao Movimento Espírita brasileiro.

6 O contexto da mensagem de Kardec aos espíritas brasileiros[23]

Parece patente que o Movimento Espírita permitiu-se envolver por uma dinâmica que se mostra espontânea, por conta de ações semelhantes em outros campos religiosos àquela época. O divisionismo orquestrado pela busca de hegemonia e da posição vencedora era comum nos meios religiosos daquele período. Os autores que estudaram o Movimento Espírita deixam isso claro, da mesma forma que indicam a tendência espontânea e "natural" de se dar um colorido católico a ideias espíritas. Se isso pode ser visto como uma dinâmica natural, própria do contexto histórico-cultural, não devemos ver com a mesma naturalidade a manutenção dessas práticas que se perpetuam de alguma forma até os dias atuais. A espontaneidade pode ser capaz de tisnar a visão no primeiro momento, mas a permanência no caminho dos distanciamentos dos princípios originais, que produzem práticas incoerentes, é fruto de ingenuidade e da inexistência de rotinas do autoconhecimento, autoenfrentamento e de compromisso com a função própria do Espiritismo.

Aquela prática, de alguma forma, mantém-se até os dias atuais com roupagens distintas e rótulos diferenciados. Há a luta pela interpretação vencedora, há o espaço a ser ocupado pelo grupo hegemônico e existe a necessidade de submeter os demais à posição que acredita ser a melhor.

Canuto Abreu (1987) traz a informação de que Antonio Carlos Mendonça Furtado de Menezes, trabalhador da primeira hora do Espiritismo em terras brasileiras, que após

---

23. KARDEC, Allan. **A prece: conforme o Evangelho segundo o Espiritismo.** 44. ed. Rio de Janeiro: FEB, 1991.

Alvaro Chrispino

desencarnado passara a colaborar nos trabalhos do Grupo Espírita Menezes (o primeiro Centro Espírita a aderir a FEB), manifestou-se na Sociedade Espírita Fraternidade e anunciou que Allan Kardec "viria fazer uma análise da marcha da doutrina no Rio de Janeiro, dirigindo-se a todos os espíritas" (p. 42).

Por tudo isso, não é de estranhar que o próprio codificador tenha se manifestado por meio de mensagens psicografadas ditadas ao médium Frederico Pereira da Silva Júnior (1858-1914) na Sociedade Espírita Fraternidade, no Rio de Janeiro, em 1888 e 1889, e enfeixadas num opúsculo distribuído gratuitamente pela FEB, intitulado *Instruções de Allan Kardec aos espíritas do Brasil*, no livreto *A Prece* (FEB) e no livro de Canuto Abreu (1987). O mesmo fato é narrado em *Reformador* por Juvanir Borges de Souza, no artigo *O centenário da Federação Espírita Brasileira* (1983, p. 359).

No livro *A tragédia de Santa Maria*, ditado à médium Yvonne do Amaral Pereira (1957)[24] pelo Espírito Bezerra de Menezes, há uma referência às qualidades mediúnicas desse trabalhador:[25]

> Por esse tempo, existia na capital do País um médium portador de peregrinas qualidades morais e vastos cabedais psíquicos, que dele faziam, sem contestação possível, um dos mais preciosos e eminentes intérpretes da Revelação Espírita no mundo inteiro, em todos os tempos. Encontrava-se ele no apogeu das suas atividades espíritas-cristãs, pois desde doze anos antes abrira

---

24. PEREIRA, Yvonne do Amaral; MENEZES, Bezerra de [Espírito]. **A tragédia de Santa Maria**. 5. ed. Rio de Janeiro: FEB, 1957.

25. Importante ressaltar que a médium insere nota de rodapé n.º 28 (p. 224) para tecer comentários sobre a figura desse trabalhador.

> aos ósculos da intervenção espiritual sua organi-
> zação mediúnica, transmitindo do Invisível para
> o mundo objetivo caudais de luzes e bênçãos,
> de bálsamos e ensinamentos para quantos dele
> se aproximassem sequiosos de conhecimentos
> e refrigérios para as asperidades da existência.
> Chamava-se ele – Frederico Pereira da Silva Jú-
> nior, amplamente relacionado e mais conhecido
> com a singela abreviatura de – Frederico Júnior.
> Tão nobre obreiro da Seara Cristã repartia-se em
> múltiplas modalidades de serviços mediúnicos,
> dedicado e fraterno até à admiração, porquanto
> seus dons psíquicos, variados e seguros, obtinham
> também, do Além-túmulo, as mais lúcidas revela-
> ções, relatando para os interessados empolgantes
> realidades espirituais. (PEREIRA; MENEZES,
> 1957, p. 223-224).

Desenhado o cenário do Movimento Espírita daquela época, não nos parece surpresa o teor da mensagem de Allan Kardec aos espíritas brasileiros, afinal, como já vimos nos
textos de diversos pesquisadores, o divisionismo era patente
entre espíritas de primeira hora, iniciando-se com os cienti-
ficistas e os religiosos, e entre essas divisões tínhamos o luxo
de estabelecer subdivisões: os psiquistas, os ocultistas, rous-
tainguistas, os ismaelinos, os kardecistas, os teosofistas e os
swedenborguistas. Repetíamos o Cristianismo nascente e as
igrejas reformadas, criando subdivisões que atendessem às
nossas necessidades pessoais, submetendo o Espiritismo às
nossas crenças e percepções, e lutando para que a nossa interpretação fosse vencedora sobre as outras possíveis e existentes, enquanto bradamos sobre o valor da fraternidade entre
os homens em geral, e entre os *irmãos de crenças* em especial.

Tendo-se isso em vista, não há surpresa quando Kardec escreve aos espíritas brasileiros:

> Meus amigos! É possível que eu seja injusto para convosco naquilo que vou dizer: o vosso trabalho, feito todo de acordo – não com a Doutrina – **mas com o que interessa exclusivamente aos vossos sentimentos**, não pode dar bom fruto. Esse trabalho, sem regime, sem disciplina, só pode, de acordo com a doutrina que esposastes, trazer espinhos que dilacerem vossas almas, dores pungentes aos vossos Espíritos, por isso que, desvirtuando os princípios em que ela assenta, dais entrada constante e funesta àquele que, encontrando-vos desunidos pelo egoísmo, pelo orgulho, pela vaidade, facilmente vos acabrunhará com todo o peso da sua iniquidade.
>
> Entretanto, dar-se-ia o mesmo se estivésseis unidos? **Porventura acreditais na eficiência de um grande exército dirigido por diversos generais, cada qual com seu sistema, com o seu método de operar e com pontos de mira divergentes? Jamais!** Nessas condições só encontrareis a derrota, porquanto – vede bem – **o que não podeis fazer com o Evangelho: unir-vos pelo amor do bem, fazem os vossos inimigos, unindo-se pelo amor do mal!**
>
> Eles não obedecem a diversas orientações, nem colimam objetivos diversos; tudo converge para a Doutrina Espírita – Revelação da Revelação – que não lhes convém e que precisam destruir, para o que empregam toda a sua inteligência, todo o seu amor do mal, submetendo-se a uma **única direção!**

Sobre ovelhas e lobos: alguns desafios do Movimento Espírita

> [...] Onde, torno a perguntar, a segurança da vossa fé, a estabilidade da vossa crença, se, tendo uma única doutrina para apoio forte e inabalável, **a subdividis, a multiplicais ao capricho das vossas individualidades**, sem contar com a coletividade que vos poderia dar a força, se constituísseis um elemento homogêneo, perfeitamente preparado pelos que se encarregam da revelação? Mas, onde a vantagem das subdivisões? **Onde o interesse real para a Doutrina e seu desenvolvimento, na dispersão que fazeis do vosso grande todo, dando já, desse modo, um péssimo exemplo aos profanos, por isso que pregais a fraternidade e vos dividis cheios de dissensões?** (KARDEC, 1991, p. 16-17, grifos nossos).

Kardec toca em todos os pontos indicados pelos estudiosos citados como problemas *no* e *do* Movimento Espírita: a exclusividade dos sentimentos, as subdivisões, a multiplicação de capricho das individualidades etc., e vai além de indicar os deslizes estruturais do Movimento Espírita ao apontar os riscos estratégicos dessas características. Como pode um movimento coletivo alcançar êxito se cada um realiza o que quer, da forma que deseja e no tempo que lhe apraz? Os adversários não cometem essa ingenuidade!

Ele trata, sem rodeios, da contradição existente entre a fraternidade que se apregoa e as dissensões existentes, certamente por motivações individuais e de poder.

Na *Revista Espírita* de outubro de 1865, sob o título *Partida de um adversário do Espiritismo para o mundo dos Espíritos,* Kardec recebe uma correspondência contendo uma comunicação resultante de evocação de um padre adversário do Espiritismo na cidade de V. Após ele desencarnar, os

Alvaro Chrispino

espíritas locais o evocam e a comunicação é publicada, bem como os comentários de Kardec. Escreve o padre:

> Admitamos vossa doutrina firmada; ei-la escutada, por toda parte estendendo suas ramificações, no seio do povo como nas classes ricas, no artesão como no literato. *Este último é que vos prestará o concurso mais eficaz*; mas que resultará de tudo isto? Em minha opinião, ei-lo: **Já se operam divisões entre vós**. Existem duas grandes seitas entre os espíritas: os espiritualistas da escola americana e os espíritas da escola francesa. Mas consideremos apenas esta última. É una? Não. Eis, de um lado, os *puristas* ou *kardecistas*, que não admitem nenhuma verdade senão depois de um exame atento e da concordância com todos os dados; é o núcleo principal, mas não é o único; diversos ramos, depois de se terem infiltrado nos grandes ensinamentos do centro, se separam da mãe comum para formar seitas particulares; outros, não inteiramente destacados do tronco, emitem opiniões subversivas. **Cada chefe de oposição tem seus aliados; os campos ainda não estão delineados, mas se formam e logo rebentará a cisão**. Eu vos digo, o Espiritismo, assim como as doutrinas filosóficas que o precederam, não poderia ter uma longa duração. Foi e cresceu, mas agora está no topo e já começa a descer. Sempre faz alguns adeptos, mas, como o são-simonismo, como o fourierismo, como os teósofos, cairá, talvez para ser substituído, mas cairá, creio firmemente. (KARDEC, 2008, p. 396-397, grifos nossos).

Nos seus longos e didáticos comentários, entre as muitas coisas que esclarece, Kardec escreve sobre as divisões que o Espírito afirma existir e diz que, existindo essas divisões por conta de posições pessoais, as ideias morrerão antes de seus formuladores, por conta da força geral das ideias espíritas, e, ao fim, seus formuladores também morrerão. Kardec é absolutamente racional na sua análise. Para nós, morrem as ideias e morrem seus idealizadores, mas estes perdem a oportunidade de somar e contribuir para a tarefa que é própria do Movimento Espírita.

O que acontece quando o Movimento Espírita, ainda que tenha sido avisado dessa dificuldade, repete os mesmos caminhos das demais religiões?

Antevendo esse cenário, o Espírito Manoel Philomeno de Miranda escreve em *Amanhecer de uma nova era* (2012):

> Torna-se urgente que providências sejam tomadas, a fim de que não ocorra o mesmo que sucedeu ao **Cristianismo nascente** quando subiu ao trono imperial de Roma expulsando Jesus de sua companhia, ou como aconteceu com **Lutero e sua doutrina**, quando outros que se fizeram reformadores passaram a adaptar ao seu modo de entender o Evangelho de amor que deveriam seguir sem excessos de formalismos ou de complicações teológicas, **disfarçando a própria vaidade e acreditando-se fundadores de religiões...** (FRANCO; MIRANDA, 2012, p. 29, grifos nossos).

Parece-nos que o Espírito realiza espetacular síntese do que foi tratado anteriormente sobre o Movimento Espírita estar reproduzindo os mesmos equívocos históricos do Cristianismo nascente e das igrejas reformadas... A diferença está no fato de que fomos e estamos sendo avisados dessa prática que surge espontaneamente, e, sendo avisados dela,

Alvaro Chrispino

manda a prudência que esta sofra reflexão para que não impere sobre nós sem controle.

Já em *Perturbações espirituais*, Manoel Philomeno de Miranda discorre sobre as dificuldades de se materializar as ações de unificação do Movimento Espírita:

> A necessidade de união, pela unificação dos propósitos doutrinários, foi colocada à margem, em decorrência da presunção dos seus membros em se considerarem superiores aos demais, num terrível olvido da fraternidade, da caridade, da tolerância. (FRANCO; MIRANDA, 2015, p. 103).

Para que não haja dúvida sobre os avisos, relembremos da mensagem de Bezerra de Menezes, dentre muitas outras, intitulada *Ante a unificação*:

> [...] Vivemos, como de todos é sabido, o momento máximo da grande transição que se aproxima e na qual já nos encontramos.
>
> Hora de demolição de antigos valores, em que a ética se apresenta enlouquecida, o Cristo de Deus ressurge da história do passado para comandar os destinos do homem, através dessas bases augustas que constituem a certeza última da vida: a imortalidade, a reencarnação – expressando a Divina Justiça –, o conhecimento que liberta e o amor que santifica.
>
> Sobre vós, as graves responsabilidades do nosso Movimento na Pátria do Cruzeiro. Como é verdade que vivemos um clima de liberdade doutrinária, não menos verdade é que a **identidade de princípios** deve ser a viga mestra que nos una, para que possamos trabalhar com perfeito

entendimento de objetivos, deixando à margem a contenda inútil, as lutas infrutíferas, para trabalharmos em diálogos fraternos na consecução das metas que todos perseguimos. (FRANCO; MENEZES, 1991, p. 107-108, grifos nossos).

A conclamação é para que exista identidade de princípios – não obediência cega – e entendimento de objetivos – não escravização a objetivos definidos arbitrariamente. A reflexão sobre o passado dificulta que ele se reproduza novamente nos tempos atuais, agora causando danos na intimidade do Movimento Espírita.

Os desafios postos são, em síntese:

1. Não cometer os mesmos erros do passado conforme demonstra o estudo das religiões.

2. Responder às questões:
   - Qual a função de cada qual no Movimento Espírita?
   - Qual a função do Movimento Espírita na divulgação do Espiritismo com o fim de apresentar o Evangelho de Jesus sob nova ótica?
   - Que Movimento Espírita queremos?
   - A quem servimos quando atuamos no Movimento Espírita: a nós ou a Jesus?

Síntese parcial da
primeira parte

> *Se sabeis estas coisas,*
> *bem-aventurados se as fizerdes.*
> João, 13:17

A *Carta de Paulo aos Gálatas* pode servir como base para analisarmos a maneira como é possível tratar a crença e a uniformidade da própria crença como algo a ser imposto ao conjunto indiscriminadamente, em vez de servir como bússola a dirigir-nos na direção do ideal.

Iniciamos trazendo a opinião de estudiosos sobre o valor da *Carta de Paulo aos Gálatas*.

Palhano Júnior (1999),[1] espírita atuante no Movimento Espírita Capixaba, escreve que esta é a carta da *libertação espiritual* e lembra que a obra de Martinho Lutero *O comentário sobre Gálatas* é um dos pontos em que se baseia o movimento contra os rituais litúrgicos da Igreja Romana, dando suporte à Reforma Protestante. Nessa epístola, Paulo combate as "doutrinas estranhas" (Palhano Júnior, 1999, p. 19).

Adolf Pohl (1995)[2] escreve que Paulo busca destacar a Verdade do Evangelho, que é "exposta com uma coerência interna que interfere inevitavelmente também na miséria de nossas alienações e sincretismos" (Pohl, 1995, p. 11).

---

1. PALHANO JÚNIOR, Lamartine. **Aos gálatas: a carta da redenção**. Niterói: Lachâtre, 1999.

2. POHL, Adolf. **Carta aos Gálatas**. Curitiba: Editora Evangélica Esperança, 1999.

Este mesmo autor, teólogo alemão, diz que os gálatas gritavam "Senhor é Jesus!", para logo depois permitir-se envolver novamente pelo que chamou de elementos da era antiga:

> [...] esticavam seus pescoços e permitiam que lhes fosse imposto novamente o jugo. O nome desses elementos é legião, pois são numerosos. É uma porção de coisas e sistemas, normas e formas que morreram com a crucificação de Jesus, porém foram agora transformados em ponto de aferição do evangelho. (POHL, 1995, p. 11).

Salta aos olhos a imagem usada por Adolf Pohl (1995) quando explica o fato dos gálatas, após conhecerem o Evangelho Libertador de Jesus, iniciarem uma série de práticas judaizantes: elementos chamados legião porque são muitos, numa imagem semelhante àquela da passagem do obsidiado de Gerasa, quando Jesus perguntou o nome do Espírito que o subjugava: "Legião é o meu nome, porque somos muitos" (Marcos, 5: 9). Surpreendente a semelhança dessa imagem com os fatos espirituais narrados nas recentes obras ditadas pelo Espírito Manoel Philomeno de Miranda a Divaldo Franco, as quais alertam o Movimento Espírita sobre as dificuldades que necessita entender e enfrentar, e que surgem como resultado da escolha do bem como orientador de vidas.

Hendriksen (2010)[3] informa que Lutero dizia ser a *Carta aos Gálatas* o melhor livro da Bíblia e por isso era chamada de "[...] o grito de guerra da Reforma" (Hendriksen, 2010, p. 11). E Guthrie (2014),[4] ao reiterar o valor desta carta para Lutero, escreve que ele

---

3. HENDRIKSEN, William. **Gálatas**. Michigan: Libros Desafio, 2010.
4. GUTHRIE, Donald. **Gálatas – introdução e comentários.** São Paulo: Edições Vida Nova, 2014.

considerava os judaizantes como exemplos dos legalistas na região; e, portanto, como exemplos de qualquer sistema religioso em que a aproximação de Deus tinha como base exigência legalistas [aqui leis e práticas judaicas]. (GUTHRIE, 2014, p. 48).

Segundo Chiquete (2009),[5] esta carta é um "manifesto sobre a liberdade cristã", além de ser a carta em que Paulo constrói os temas mais importantes de sua Teologia, e descreve e realça sua biografia, seu contato e seu chamado por Jesus.

Para Guthrie (2014, p. 54), *Carta aos Gálatas* "tem sido descrita, com razão, como sendo a carta magna da liberdade cristã, e enquanto seus ensinamentos forem obedecidos, o cristianismo jamais ficará sujeito a qualquer servidão".

Lopes (2011, p. 21-25)[6] sintetiza as características da *Carta aos Gálatas* e, no esforço de mostrar a importância da carta, informa que: (1) é onde Paulo mais fortemente defende seu apostolado; (2) que esta deve ser a carta mais antiga escrita por Paulo; (3) é o segundo livro mais autobiográfico de Paulo; (4) "Gálatas é a carta magna da liberdade cristã" (p. 24); e (5) é a carta com maior número de figuras de linguagem. Lopes, na apresentação de sua obra, escreve que *Carta aos Gálatas* "é um brado de alerta para os que seguem desatentamente os lobos travestidos de ovelhas" (p. 9).

Há controvérsias sobre a destinação da *Carta aos Gálatas*. Paulo escreve para as igrejas da Galácia, mas não

---

5. CHIQUETE, Daniel. **Carta a los gálatas**. Miami (EUA): Sociedades Bíblicas Unidas, 2009.

6. LOPES, Hernandes Dias. **Gálatas: a carta da liberdade cristã**. São Paulo: Hagnos, 2011.

fica claro se para a Galácia Setentrional (hipótese regional) ou para a Galácia Meridional (hipótese provincial), segundo Pohl (1995), ou se para a Galácia do Norte ou a do Sul, segundo Palhano Júnior (1999). A mesma dúvida é sustentada por outros estudiosos do tema.

Também não há consenso sobre a data em que foi escrita. Há os que defendem que foi em 50 d.C., como aqueles que advogam 60 d.c., sendo produzida durante o período de prisão. Outros preferem datar a epístola a partir das referências cruzadas no livro *Atos dos Apóstolos*, que pode variará se Gálatas 2 esta relacionado com Atos 11 ou com Atos 15.

Se há controvérsias acerca dos destinatários e da data de sua produção, não parece haver divergência quanto ao valor da carta e seu objetivo.

Os autores de textos de estudo sobre a *Carta aos Gálatas* convergem para a motivação da advertência paulina, para a qual ele se utiliza do peso de sua formação na elite intelectual judaica e de seu chamado pessoal por Jesus Cristo, defendendo o título de Apóstolo da Primeira Hora: os cristãos das igrejas da Galácia, criadas em média 5 anos antes, estavam deixando-se levar por discursos de pregadores cristãos de que o único caminho para os gentios se encontrarem com Jesus seria a sua conversão primeiro às regras e rotinas judaicas, tidas como pré-requisito para a conquista da cristandade.

Paulo se admira que eles tenham passado tão rapidamente para o que chamou de "outro evangelho" que não o do Cristo (Gálatas, 1:6-7) e chama a atenção para o fato de que alguns pregavam "[...] mais judaísmo do que evangelho" (Júnior, 1999, p. 52). Guthrie (2014, p. 16) acompanha com a mesma perplexidade.

Sobre ovelhas e lobos: alguns desafios do Movimento Espírita

Parece existir semelhança com alguns desvios que ocorrem na divulgação do Espiritismo. Há expositores que incluem posições pessoais não fundamentadas no conjunto da Codificação ou das obras subsidiárias sérias, que propõem práticas exóticas frutos de sincretismo inaceitável, que criam teorias ou termos a fim de serem reconhecidos como criadores de uma "nova abordagem" doutrinária, que se dispõem a ser revisores de temas doutrinários que não conhecem a fundo, que querem discutir sobre uma ciência que não realizam e cujos fundamentos não dominam. São desviantes da divulgação espírita comprometida com a Codificação, e são um desserviço a si e à Doutrina Espírita.

Os desvios em Gálatas e nos dias atuais existem porque certamente há algum tipo de vantagem em desenvolver práticas religiosas centradas nas crenças cotidianas e não nas discussões sobre a essencialidade da fé. Para Cavalcanti (2001), essa é a diferença que explica o sucesso da expansão das igrejas de denominação Batista sobre as igrejas Presbiterianas no Brasil no século XIX. Escreve ele que:

> [...] a ênfase batista, por outro lado, é mais prática, voltada para uma vida a serviço da evangelização e da congregação local. Isso evita que o fiel batista se preocupe em demasiado com discussões acadêmicas e interpretações esotéricas da doutrina [como faziam os presbiterianos], garantindo uma maior coesão à sua comunidade da fé. (CAVALCANTI, 2011, p. 85).

Temos, pois, a ênfase no que é local, no que é do grupo, o que é de interpretação restrita, em detrimento ao que é geral e fundamentado na principiologia espírita.

Paradoxalmente, esse é o mesmo argumento de que Rubem Alves (1979) se utiliza para explicar o sucesso da unidade católica comparado à repressão instalada nos segmentos protestantes. A primeira cuidou de centrar sua unidade nos sacramentos (independentemente das interpretações ou ideologias dos diversos grupos internos organizados por centros de interesses diversos), enquanto a segunda passou a controlar comportamentos e exigir regras a serem cumpridas pelos indivíduos que deveriam seguir um ideário instituído. Logo, esse tema e esse processo precisam ser estudados caso a caso, a fim de que se possa aprender com as histórias, evitando a naturalização das práticas e agindo conscientemente na gênese históricas das questões.

Sempre chamando a atenção para a fraqueza que permite o desvio, Paulo chama de "obra da lei" ou "obra da carne" tudo aquilo que se subordina às práticas judaicas a serem superadas pela postura nova do Evangelho, e chama de "obra do espírito", "frutos do espírito" ou "justificação pela fé" aquela maneira de ser que dispara o processo transformador dos homens na direção daquilo que prega o Evangelho de Jesus.

Paulo desmascara a postura sectarista desses cristãos originados no judaísmo, quando defendem a necessidade dos gentios se converterem ao judaísmo e suas práticas (circuncisão, por exemplo), realçando que os gentios deveriam acolher o Evangelho e trilhar sua própria trajetória.

Esquematicamente, tem-se dois movimentos gerais:

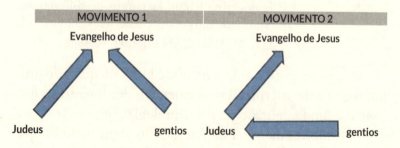

Ao proporem o Movimento 2, os pregadores judaizantes corrompem a ideia básica do Evangelho, que é a de libertação das práticas exteriores. Na verdade, acreditam-se superiores, melhores, abençoados como "povo eleito", fazendo dessa posição o caminho necessário à libertação.

Ao prevalecer o Movimento 1 – no qual cada grupo distinto recebe o Evangelho e parte na sua direção a partir do que é, pensa e vive –, podemos imaginar a existência necessária de muitas trajetórias na convergência do Evangelho. Não será razoável imaginar que os judeus tradicionais, os judeus da Samaria, os gálatas, os romanos, os convertidos das igrejas da Ásia e da Macedônia etc. assumissem rotinas iguais na interpretação e na prática do Evangelho, apesar de se submeterem aos princípios essenciais do Evangelho nascente.

Podemos, em rápida e rica digressão, resgatar aqui algumas importantes informações que retratam a luta por poder no início da organização cristã. À época, a Igreja de Roma alegava ter sido fundada por Pedro e relembra a missão outorgada por Jesus ao apóstolo, tentando justificar o título de centro de poder.

Uma visão histórica sintética vai demonstrar que nem pela antiguidade a Igreja de Roma poderia evocar para si a função de centro de decisão, pois Jerusalém era a mãe de todas as igrejas, e antecederam-na, ainda, as de Éfeso, Antioquia e Corinto. Tampouco pela atividade apostólica poderia exigir para si tal título, porque as igrejas de maior projeção eram as do Oriente, a da África, a das Gálias e as da Espanha (Barbosa, 1930, p. 55),[7] locais muito diferentes do berço judaico e com culturas certamente muito próprias, e

---

7. BARBOSA, Rui. Introdução. In: JANUS. **O Papa e o Concílio**. São Paulo: Livraria Acadêmica Saraiva, 1930.

Alvaro Chrispino

muito menos pela ação de orientação doutrinária, pois tal função era exercida pelos sínodos, que reuniam bispos e leigos em discussões sobre doutrina e sobre organização. Tanto Durant como Rui Barbosa apresentam minuciosos estudos sobre a evolução das lutas internas das igrejas e seus mantenedores, mostrando a omissão do prelado de Roma, enquanto diversos outros personagens tomavam a frente na decisão das pendências doutrinárias. Entre eles estavam Cipriano, bispo de Cartago, Tertuliano e Orígenes, de formações distintas.

As discussões acerca da doutrina continuavam, e com o tempo, a Igreja de Roma foi aumentando em poder e, pela falta de elementos capazes de lutar pela integridade doutrinária, abandonou as discussões de cunho doutrinário para dar mais atenção à organização da estrutura da Igreja, e "passou a construir e governar enquanto outras escreviam e falavam" (Durant, 1971, p. 483).

Se é correto esperar convergência na direção do Evangelho de Jesus, é possível supor que cada grupo parte de determinado ponto na geografia das emoções e conhecimentos, de determinado conjunto de valores e crenças, bem como de circunstâncias histórico-culturais singulares. Logo, exigir que todas as singularidades se restrinjam a uma única e exclusiva postura é submeter a essência ao que é secundário. É como exigir que pessoas que partem das 26 capitais brasileiras na direção de Brasília passem obrigatoriamente por uma cidade como, por exemplo, São Paulo.

A *Carta aos Gálatas* nos conclama a refletir sobre a libertação das rotinas externas e a supremacia da essência transformadora do Evangelho. Em outras palavras, chama nossa atenção para a tentativa de homogeneizar caminhos e prá-

Sobre ovelhas e lobos: alguns desafios do Movimento Espírita

ticas, o que pode provocar mais confrontos que aproximações, quando exige submissão em vez de reconhecimento e respeito às diferenças originais de partida.

A questão não é obrigar o outro a fazer como eu faço ou acredito – que é a questão contida em Gálatas –, mas sim se todos estamos considerando de onde partimos e tal qual somos, agindo e decidindo coerentemente com as máximas do Evangelho do Cristo postas como busca. Se estamos considerando os pontos de partida de cada qual, convergindo em linha reta na direção do Evangelho do Cristo.

Nos dias atuais, esses confrontos se reproduzem quando muitos se autodenominam "guardiães da pureza" e listam as regras a serem seguidas pelos demais ou dão ênfase em diferenças não essenciais que são próprias da cultura original de um grupo espírita em franco e declarado trajeto na direção do Evangelho.

Percebam que respeitar o ponto de partida de cada indivíduo (sua singularidade) não é concordar com os desvios e os desviantes que, no trajeto, criam atalhos no caminho a fim de atender às suas necessidades e idiossincrasias.

Em nome da unificação de princípios doutrinários – identificados de forma salutar pela coletividade espírita a partir do entendimento das obras básicas e que devem caracterizar o Movimento Espírita –, não devemos incorrer no equívoco denunciado em Marcos, 9:38 e seguintes:

> 38 Disse-lhe João: Mestre, vimos alguém que não nos segue, expulsando demônios em teu nome, e o impedimos, porque não nos seguia.
>
> 39 Jesus, porém, lhe disse: Não o impeças, pois não há ninguém que faça um milagre em meu nome e logo depois passe a falar mal de mim.
>
> 40 Porque quem não é contra nós, é por nós.

Guardadas as proporções, alguém foi impedido de realizar o bem "em nome de Jesus" porque não estava no grupo que se acreditava credenciado para tal. Foi considerada a regra/lei (ser do grupo) e não o "espírito" (resultado no bem).

Da mesma forma, podemos lembrar Jesus quando identifica os dois exemplos de fé no Evangelho – o centurião e a mulher de Tiro-Sidon – que não faziam parte do grupo mais próximo. Eles nem sequer eram judeus. Aqui, eles representam o "espírito", e os apóstolos, "a obra da lei" na linguagem utilizada na *Carta aos Gálatas*.

Neste ponto, devemos diferenciar a trajetória singular de cada coletividade na direção do Evangelho das práticas estranhas instituídas por grupos intitulados espíritas. Há pontos de partida diferentes e estes podem acolher singularidades que se aproximam da convergência. Isso é diferente de grupos que, dizendo-se na direção da convergência doutrinária, absorvem práticas estranhas (rituais externos, apometria, cromoterapia etc.) e interpretações exóticas e pessoalíssimas das ideias espíritas em franca traição aos princípios doutrinários (como fizeram os religiosos brasileiros com as tradições religiosas que chegaram ao Brasil, segundo Cavalcanti, 2001).

Partir de locais próprios e singulares na direção da convergência é diferente de tomar atalhos no percurso do caminho escolhido. Estes últimos são desviantes.

Ao final desta primeira parte, realçamos a mensagem essencial da *Carta aos Gálatas*: contrapormo-nos à "obra da lei" para que possa viger "a obra da fé".

Sobre ovelhas e lobos: alguns desafios do Movimento Espírita

A dissonância cognitiva a que todos estamos sujeitos, agora identificada como fator comum nas nossas vidas, precisa ser confrontada, de forma que o equilíbrio interior seja alcançado pela subordinação da prática cotidiana ao conhecimento espírita na velocidade de cada qual, resultante do "esforço que faz para dobrar as suas más inclinações". Denunciado um dos mecanismos internos de fuga da realidade esclarecida, cada qual necessita construir um projeto pessoal rumo à própria felicidade, seja lá o que considere felicidade.

A tendência histórica de fazer interpretações pessoalíssimas das ideias religiosas, agora também identificada, precisa sofrer análise para que sejam encontrados mecanismos de respeito às individualidades, mas com a manutenção da essencialidade doutrinária, sem que o Espiritismo deixe de ser o que é para ser outra coisa resultante de enxertos, acomodações e desvios. O equilíbrio, que nos desafia a inteligência e a maturidade, está em um ponto que respeite a individualidade (ou capacidade de entender e fazer de forma singular) e as ideias que caracterizam o Espiritismo (dando assim o sentido e o significado de Movimento Espírita como ação humana em prol da divulgação do Evangelho pela ótica espírita), não permitindo conivência com desvios e desviantes oportunistas.

A inexistência ou fragilidade de rotinas definidas coletivamente capazes de aglutinar, de reunir, de mobilizar os variados segmentos – as trombetas de prata – precisa ser discutida, visto que o momento pede por união de projetos e convergência de ações e sinergia, a fim de serem superados os obstáculos que dificultam a disseminação dos valores expressos no Evangelho de Jesus. Defendemos a hipótese de

Alvaro Chrispino

trabalho de que os participantes do Movimento Espírita desconhecem a importância e o valor estratégico da existência de um Movimento Espírita organizado, e por isso tendem a colocar em planos secundários as atividades de integração e a atividade conjunta, priorizando projetos pessoais e unitários. A falta de entendimento sobre a função da Casa Espírita, suas potencialidades e limitações, bem como a falta de percepção sobre a necessidade da união em torno de ações de maior alcance espacial e social dão-se as mãos e dificultam o amadurecimento do Movimento Espírita como sistema organizado que serve a propósitos maiores, sem desconsiderar as dificuldades próprias de pessoas e grupos que o compõe.

Por fim, é indispensável que a coletividade espírita identifique o que é "obra da lei" e o que é "fruto do espírito", buscando abandonar a ação de submeter os outros às suas próprias práticas. Antes de serem submetidos às práticas de algum segmento mais organizado ou hegemônico, cumpre-nos refletir e responder se todos estamos sujeitando-nos efetivamente ao Evangelho de Jesus e aos princípios Espíritas deflagrados por meio da universalidade do ensino dos Espíritos, tão bem consolidados na Codificação Espírita.

Se a ideia da singularidade de partida e da convergência como guia se aplica aos grupos, também é possível identificá-la no campo da individualidade.

Podemos recorrer a três exemplos de individualidades e aprender com seus trajetos de transformação pessoal na direção da convergência do Evangelho: Paulo de Tarso, Santo Agostinho de Hipona e Francisco, o Sol de Assis.

A história da transformação de Saulo, o rabino, em Paulo, o apóstolo, é conhecida e rica de aprendizado. A vida

Sobre ovelhas e lobos: alguns desafios do Movimento Espírita

de Paulo é contada pelo Espírito Emmanuel no romance *Paulo e Estêvão*, recebido pela psicografia de Chico Xavier;[8] ele é estudado no meio espírita, por exemplo, por Ruy Kremer,[9] na obra intitulada *Paulo, um homem em Cristo* (2011); apresentado em romance por Taylor Caldwell[10] na obra *O grande amigo de Deus – a história de São Paulo* (2014); por teólogos como A. T. Robertson,[11] em sua obra *Épocas na vida de Paulo – um estudo do desenvolvimento na carreira de Paulo* (1982), entre tantos outros autores.

Como visão geral do processo de transformação de Paulo, podemos elencar a mudança em torno de princípios próprios do judaísmo que somente aos poucos foram transformados pela ideia do Evangelho. Paulo, tal qual os primeiros discípulos, acreditava na vinda próxima do Cristo. Em suas primeiras cartas, ele acreditava que tal acontecimento se daria durante sua própria vida (I Tessalonicenses, 4:13-18). Mais tarde, nos textos contidos nas últimas cartas, já trata deste encontro após a sua morte (Filipenses, 1:23-24 e II Timóteo, 4:6-8 e ss).

A partir da obra clássica de Robertson (1982), podemos identificar algumas etapas da transformação:

1. Saulo, o estudante farisaico
2. Saulo, o rabi perseguidor
3. A visão que Saulo teve de Jesus

---

8. XAVIER, Francisco C.; EMMANUEL [Espírito]. **Paulo e Estêvão**. 1. ed. Brasília: FEB, 2012.

9. KREMER, Ruy. **Paulo, um homem em Cristo**. 1. ed. Brasília: FEB, 2011.

10. CALDWELL, Taylor. **O grande amigo de Deus – a história de São Paulo**. Rio de Janeiro: Record, 2014.

11. ROBERTSON, A. T. **Épocas na vida de Paulo – um estudo do desenvolvimento na carreira de Paulo**. Rio de Janeiro, JUERP, 1982.

4. Saulo aprendendo o Cristianismo
5. Saulo descobre o seu trabalho
6. Paulo, o líder missionário
7. A crise doutrinária de Paulo
8. Paulo, o ensinador das igrejas
9. Paulo em cadeias
10. Paulo enfrenta a morte

Percebe-se que, após a visão que teve de Jesus, o autor ainda continua a nominar Saulo. Ao ver Jesus e perguntar-Lhe enfaticamente: "Que farei, Senhor?" (Atos, 22-10), ele permanece com as ideias antigas e é Saulo quem aprende sobre o Cristianismo. Robertson, escrevendo sobre as rupturas da Igreja nascente, informa que os "discípulos eram primeiramente judeus, depois cristãos" (1982, p. 122). Havia, pois, entre os cristãos novos, uma ala judaizante e outra ala claramente farisaica.

Talvez o momento da grande transformação tenha ocorrido quando Saulo buscou o deserto, como esclarece a benfeitora Joanna de Ângelis (2013):[12]

> Depois de haver recebido o convite de Jesus às portas de Damasco, o jovem rabino Saulo de Tarso seguiu ao deserto no *oásis de Dan*, onde reflexionou por três longos anos, a fim de conseguir as forças morais para as lutas que deveria travar em favor da divulgação do Evangelho... (FRANCO; ÂNGELIS, 2013, p. 16).

Um segundo personagem que pode nos ajudar a entender as lutas próprias que travamos no processo de trans-

---

12. FRANCO, Divaldo Pereira; ÂNGELIS, Joanna de [Espírito]. **Ilumina-te**. 1. ed. Catanduva: InterVidas, 2013.

formação na direção do Evangelho é Santo Agostinho, cujas informações extraímos de Campenhausen (1998).[13] Agostinho nasceu em 354, na cidade de Tagate, na África Romana. Sua mãe, Mônica, era uma cristã devota e seu pai, Patrício, um pagão convertido ao Cristianismo. Eram de uma chamada classe média e possuíam alguma riqueza. Por conta disso, Agostinho tinha facilidades e conseguiu estudar, sendo leitor de filósofos como Cícero, que o influenciou de forma intensa.

Agostinho vai detalhar sua vida, dificuldades e ações, que chamava de *ação divina*, em sua obra intitulada *Confissões*. Aos dezenove anos tornou-se professor de retórica na sua cidade natal. No ano seguinte, transfere-se para Cartago para continuar a lecionar retórica, decepcionando-se com a qualidade de seus alunos. Nesse período, passa a viver com uma cortesã e tem um filho a quem chama de Adeodato.

Com uma vida de altos e baixos no campo das reflexões acerca da vida e da morte, com clarões dos ensinamentos cristão trazidos desde a infância e com lacunas na maturidade, importa-nos quando Agostinho é visitado por Ponticiano, amigo de África e alto funcionário, que lhe conta sobre a vida de um "monge" de nome Antonio e o quanto sua biografia estava influenciando o Ocidente. Seu amigo narrou as conversões que a biografia de Antônio estava causando em diversos lugares. Agostinho dirá em *Confissões* que a narrativa do amigo africano parecia falar de sua própria vida. Neste momento, com lágrimas nos olhos, sai em direção ao jardim e ouve uma voz infantil que lhe diz "pegue e leia". Ele

---

13. CAMPENHAUSEN, Hans von. **Os pais da Igreja: a vida e a doutrina dos primeiros teólogos cristãos.** Tradução de Degmar Ribas. 1. ed. Rio de Janeiro: CPAD, 2005.

Alvaro Chrispino

então toma das cartas paulinas, abriu em Romanos, 13:13-14 e leu: "[...] como de dia, andemos decentemente; não em orgias e bebedeiras, nem em devassidão e libertinagem, nem em rixas e ciúmes; mas vesti-vos do Senhor Jesus Cristo e não procureis satisfazer os desejos da carne". Como escreve Campenhausen (1998), "naquele momento, tudo estava decidido. A tempestade havia passado e uma alegria radiante se espalhava por toda a parte". Correu em "direção a Mônica que, cheia de imenso júbilo, tomou conhecimento das boas novas" (p. 341).

Agostinho se tornaria bispo de Hipona e seria considerado um dos pais da Igreja, tendo seus estudos influenciado tanto a Igreja Católica quanto a Igreja Protestante. Suas ideias influenciaram Lutero, que era agostiniano, e São Bento, que se inspirou em Agostinho para suas ideias educacionais.

Por fim, lembremo-nos de Francisco de Assis, nascido Giovanni di Pietro di Bernardone, em família rica e com a vida cheia de facilidades, no ano de 1182. Durante a juventude, participou da luta armada de Assis contra Peruggia e tentou participar do exército papal contra Frederico II, quando teve um sonho que lhe fez questionar aquilo que realizava. Durante uma festa com seus amigos de juventude, foi tocado pelo que chamou de presença divina.

Certo dia, enquanto rezava na Igreja de São Damião, ouviu a voz de Jesus, que lhe falava do estado da Igreja. Acreditando que a voz se referia ao prédio, Francisco foi à loja do pai, recolheu os tecidos caros e os vendeu no mercado a preços baixos, entregando o dinheiro arrecadado ao padre a fim de que reconstruísse a igreja. Ao saber disso, o pai acusou-o de esbanjar sua riqueza, exigindo reparação financeira da igreja, sendo acompanhado pela multidão que o to-

Sobre ovelhas e lobos: alguns desafios do Movimento Espírita

mava como louco. Nesse momento, Francisco, na presença do bispo que o protegia, deixou cair as roupas caras que possuía, pediu a bênção do bispo e saiu despido para construir a própria vida, reerguendo a Igreja do Cristo.

Também teve momentos de transição até romper com o passado e assumir as novas posturas, próprias do projeto que assumiu para si.

A benfeitora Joanna de Ângelis (2011)[14] sintetiza a história de Francisco de Assis da seguinte forma:

> Quando, na igrejinha de São Damião, atendestes ao convite que Jesus vos fez, sequer tínheis ideia do que vos iria acontecer, mas assim mesmo seguiste adiante...
>
> Naquele período o tédio vos dominava e os prazeres do mundo, filhos da fortuna assim como das honras da cavalaria que antes vos fascinavam, cederam lugar ao fastio, a um *vazio existencial*, em que a angústia se alojava, estiolando-vos os sentimentos.
>
> Só depois compreendestes o que Ele desejava e, dando-vos conta do significado, renunciastes aos bens do mundo e aos vínculos com a família biológica, a fim de renascerdes das próprias cinzas e abraçardes a Humanidade como vossa irmã.
>
> Desnudando-vos em plena praça, renunciastes a tudo, iniciando a trajetória pela *via dolorosa*, cantando os dons da pobreza e a fortuna da humildade.
>
> Aqueles que vos conheceram anteriormente, quando jovial e extravagante, não puderam

14. FRANCO, Divaldo Pereira; ÂNGELIS, Joanna de [Espírito]. **Liberta-te do mal**. 1. ed. Santo André: EBM, 2011.

acreditar na grande revolução interna e pensaram tratar-se de alguma nova excentricidade... (FRANCO; ÂNGELIS, 2011, p. 20).

A questão que nos fica agora é se escolhemos a convergência (o Evangelho), se decidimos pelo caminho a seguir (a trajetória), e em que momento deixaremos que o passado que nos caracteriza dite as regras de nossa postura (a luta pelo poder e pelo personalismo) e permitiremos que o Cristo viva em nós, repetindo Paulo de Tarso: "[...] já não sou eu quem vive [passado], mas Cristo [presente/futuro] vive em mim" (Gálatas, 2:20).

"Se sabeis estas coisas, bem-aventurados se as fizerdes" (João, 13:17).

2ª PARTE:
DESAFIOS QUE SURGEM DA E NA RELAÇÃO COM O MUNDO ESPIRITUAL

2ª PARTE
ORAÇÕES DO ESPÍRITA
SEM RELAÇÃO COM O
MUNDO ESPIRITUAL

Allan Kardec, em *O Livro dos Espíritos*, na pergunta 459, questiona os imortais: "Influem os Espíritos em nossos pensamentos e em nossos atos?", obtendo uma resposta objetiva e certamente impactante para aqueles tempos: "Muito mais do que imaginais. Influem a tal ponto, que, de ordinário, são eles que vos dirigem". Desde então, os espíritas conhecem a intensidade das relações entre encarnados e desencarnados, independentemente da Religião a que se filiam, da classe social, da idade, do tempo. Nas perguntas seguintes e especialmente em *O Livro dos Médiuns*, as regras que regem essas relações são estudadas à exaustão. Isso não quer dizer que os conhecedores desses mecanismos de comunicação espiritual vivam de acordo com esse fato real da vida, como bem esclarecem os estudos sobre *dissonância cognitiva*.

A benfeitora Joanna de Ângelis (2008)[1] apresenta-nos questões que requerem nossa reflexão ao tratar desse tema. Escreve ela:

> Em face da **Lei das Afinidades** que vige em toda parte no Universo, há uma identificação vibratória entre os seres humanos de ambos os planos da vida, como consequência das suas aspirações, dos seus pensamentos, da sua conduta.

---

1. FRANCO, Divaldo Pereira; ÂNGELIS, Joanna de [Espírito]. **Libertação do sofrimento**. 1. ed. Salvador: LEAL, 2008.

Alvaro Chrispino

[...] Porque se comprazem em manter o intercâmbio com os encarnados, merecem carinho e respeito; no entanto, **devem ser considerados de acordo com seu nível de evolução**, nem como santos, nem como demônios, exceção feita aos missionários do amor e da caridade, sendo vistos como almas daqueles que partiram da Terra e continuam vinculados ao seu magnetismo.

[...] Avança, pois, com os teus relacionamentos espirituais, **selecionando, pela conduta exemplar, aqueles com os quais poderás conviver de maneira útil**, de forma que, ao terminares o compromisso terreno, sigas na direção da Espiritualidade enquanto **eles estarão vindo jornadear no corpo, contando contigo**... (FRANCO; ÂNGELIS, 2008, p. 169 e 172, grifos nossos).

Parece ficar claro que a afinidade espiritual é Lei Universal e é regida pela sintonia que resulta daquilo que somos a partir de pensamentos, emoções e atos. Daí, **o que** fazemos (ou deixamos de fazer), **o como** fazemos e **o porquê** fazemos (ou deixamos de fazer) produzem vibrações que geram o processo de sintonia.

E porque essa lei existe, devemos considerar o que nos leva a frequentar as casas espíritas e o que nos motiva a trabalhar em prol das instituições espíritas. Sobre esses diferentes motivos, que produzem diferentes perfis de espíritas com diferentes adjetivos, inicia o Espírito Vianna de Carvalho[2] (2009)[3] definindo o que entende por função do Espiritismo:

---

2. Manuel Vianna de Carvalho (1874-1926) foi um dos maiores expoentes da exposição espírita e contribuiu para a difusão espírita em várias regiões brasileiras.
3. FRANCO, Divaldo Pereira. CARVALHO, Vianna de [Espírito]. **Espiritismo e vida**. 1. ed. Salvador: LEAL, 2009.

> A função filosófica e moral do Espiritismo é, primordialmente, **produzir a transformação pessoal do seu adepto para melhor**. Não o conseguindo, permanece portador de grande beleza, no entanto inócuo nos seus resultados, qual orquídea deslumbrante, mas apenas isso... O Espiritismo possui os elementos indispensáveis para **operar a mudança social**, isto é, criar os recursos hábeis, através dos quais, iluminando a criatura, esta se encarregará de promover o **progresso da sociedade e acelerar a fraternidade, a vivência do bem**. (FRANCO; CARVALHO, 2009, p. 37, grifos nossos).

Apesar de ressaltar o poder transformador do Espiritismo para a criatura e o impacto dessa transformação na mudança social, Vianna de Carvalho prossegue diferenciando os diferentes tipos que habitam o Movimento Espírita. Inicia a reflexão escrevendo:

> Enxameiam, entretanto, aqueles adeptos que se creem portadores de méritos que estão distantes de possuir, pensando que a sua adesão à Doutrina Espírita credencia-os a permanecerem exigentes, impermeáveis, sempre impondo condições novas para a aceitação total dos ensinamentos. **E se dizendo, também espíritas, que o são, porém, apenas como *experimentadores***. (FRANCO; CARVALHO, 2009, p. 38, grifos nossos).

Os experimentadores enxergam a mecânica dos fenômenos sem se deixar tocar pelas consequências morais que produzem. Com discurso recheado de vocábulos que atribuem ao meio científico ou filosófico, que dominam por essência, mas reproduzem superficialmente em geral, fazendo-se

Alvaro Chrispino

fiscais de processos científicos que nunca realizam, mas descrevem como os conhecessem e os realizassem, esquecendo-se que são narradores de pesquisas de terceiros.

Chama a nossa atenção para os crentes que, repletados pelas respostas da Doutrina Espírita,

> [...] não abandonam os velhos hábitos, estribados em **egoísmo avassalador** e em **soberba injustificável**. Compreendem esses adeptos os ensinamentos exarados na Codificação Espírita e nas obras que lhe são subsidiárias, mas prosseguem **acomodados nos seus gabinetes de reflexão e de vaidades**, quando não se fazem **renitentes nas paixões** em que se comprazem. **Esperam sempre soluções para os dramas que fomentam e aguardam distinções a que não fazem jus.**
>
> Normalmente são hábeis na **censura aos demais** com facilidade, exigindo perfeição que não possuem; **invejam a ascensão dos companheiros**, atirando-lhes petardos acusatórios, sem produzirem significativa alteração de conduta, tornando-a exemplar; combatem a prodigalidade do próximo, aferrados à **avareza pessoal**; estabelecem diretrizes que desejam ser vivenciadas pelo próximo, facultando-se justificativas impeditivas para introjetá-las... Caracterizam-se por desejar, sem muita convicção, que o outro se revele em condição moral superior, suportando o **seu azedume e a sua petulância, enquanto apenas apontam erros...**
>
> Geram dissidências, apegando-se a detalhes de forma, sem preocupação de examinarem conteúdos, sempre vigorosos na exibição da cultura em detrimento da conduta, apegados à letra e longe do espírito da mensagem.

> [...] Muitos debandam das suas fileiras, porque em realidade jamais se impregnaram dos ensinos espíritas, **havendo sido frequentadores de reuniões ou admiradores de pessoas de destaque no grupo, sem que experimentassem um sentimento de simpatia pela Doutrina em si mesma e interesse pela evolução espiritual. São os simpatizantes temporários** e que esperam fruir de benefícios propiciados pelos Espíritos ou do conhecimento doutrinário, mas sem a resposta competente do sacrifício pessoal. (FRANCO; CARVALHO, 2009, p. 38-39, grifos nossos).

A descrição feita pelo Espírito Vianna de Carvalho, realçada pelo nosso negrito, parece desenhar com cores fortes os mesmos traços levantados pelos estudiosos dos movimentos religiosos desde o século XIX no Brasil. A mesma individualização das interpretações, a mesma luta pelo poder de possuir a posição majoritária, a mesma soberba para garantir que sua posição seja aquela que prepondera sobre as demais, a mesma desfiliação com o espírito geral que caracteriza a Doutrina, a personificação, a vaidade, o egoísmo, a hipocrisia da forma por não conseguir conquistas de essência. São fiscais da Religião alheia, frouxos nas rotinas de autotransformação. Talvez devêssemos retornar à Primeira Parte e reler as narrativas, especialmente as provocações de mensageiros, de José Petitinga na Casa Espírita com três reuniões mediúnicas distintas e de Allan Kardec na mensagem aos espíritas brasileiros.

Apesar de desenhar com cores fortes a realidade humana do Movimento Espírita, o Espírito Vianna de Carvalho também aponta o esforço dos encarnados na luta para domar suas más inclinações, como advoga Kardec. Escreve ele:

Alvaro Chrispino

> Somente um número algo reduzido de estudiosos e investigadores assume a postura de trabalhar em favor da sua divulgação, ampliando os horizontes terrestres para propiciar-lhes a felicidade através da renovação moral dos seus membros. São esses os *espíritas verdadeiros* ou *espíritas cristãos*, pela sua aceitação e prática do código moral estatuído por Jesus.
>
> [...] O *espírita de coração*, aquele no qual o Espiritismo encontra ressonância produzindo uma revolução para melhor, abre-se ao seu conteúdo e aprende a ser feliz, elegendo a caridade como estrada moral a palmilhar sem cansaço.
>
> [...] O *espírita verdadeiro* não se sente completado, mas em construção evolutiva. Estuda sempre, observando as ocorrências e buscando retirar o melhor proveito, a fim de crescer emocionalmente sempre mais.
>
> [...] O discípulo sincero da Doutrina, que a vive e a ensina em palavras e em atos, é conscientemente espírita e verdadeiro cristão, conforme elucida o caroável mestre Allan Kardec, no Capítulo III de *O Livro dos Médiuns*, item 28. (FRANCO; CARVALHO, 2009, p. 38-40).

Em tempos remotos, poderíamos nos valer da expressão máxima usada para descrever uma narrativa que mostrasse em detalhes e em profundidade um fato: um ótimo raio X. Entretanto, passados os tempos e tendo a necessidade de atualizar linguagens e exemplos, podemos dizer que Vianna de Carvalho apresenta uma espetacular, mesmo que dolorosa e preocupante, *ressonância magnética do Movimento Espírita em construção*.

E por que devemos conhecer as entranhas do Movimento Espírita quando iniciamos uma parte tratando da *Lei de Afinidades?* Porque cada tipo de espírita ou de simpatizantes temporários produzirá por afinidade e sintonia uma vizinhança espiritual adequada a seus propósitos e interesses, e não falamos do discurso apoiado na hipocrisia ou no autoengano daqueles que estão doentes da emoção, falamos da afinidade causada pela essencialidade dos pensamentos, das emoções, das intenções que somente cada qual conhece.

Daí surgem os relacionamentos espirituais que formam as redes que envolvem pessoas, famílias e instituições espíritas, provocando, muitas vezes, reclamações de não atendimento pelos Espíritos dos pedidos exteriorizados em momentos específicos.

Nesta hora, relembremos as ponderações do Espírito Cícero Pereira[4] pela psicofonia de Chico Xavier:[5]

> Estejam vocês convencidos de que para nós, os espíritas desencarnados, há uma tarefa espantosa, com a qual não contávamos.
>
> Por mais estranho nos pareça, somos geralmente situados em serviços de orientação, junto aos companheiros que ficaram.
>
> Espíritas com espíritas, como irmãos enlaçados no mesmo dever a cumprir.
>
> **Alijados do corpo, contudo, é que vemos quão difícil se faz o concurso eficiente aos corações cerrados à luz e quão sacrificial se nos revela o socorro a doentes que não se interessam pela própria cura!**

---

4. Cícero Pereira foi trabalhador espírita em Minas Gerais e ocupou a função de Presidente da União Espírita Mineira.

5. PEREIRA, Cícero [Espírito]. *Palavras de um batalhador*. In: XAVIER, Francisco Cândido [por diversos Espíritos]. **Instruções psicofônicas**. 1. ed. Rio de Janeiro: FEB, 1955. Optamos por indicar a obra original e o ano de produção da mensagem (1954), a fim de que percebamos há quanto tempo ela circula entre nós.

Identificamos, então, o princípio de correspondência. Colocados na posição daqueles que anteriormente nos dirigiam, reconhecemos quanta impermeabilidade oferecíamos, no mundo, aos que nos acompanhavam abnegadamente de perto. Tão logo descerrei os olhos, ante o esplendor da verdade, encontrei nosso velho amigo Senra,[6] notificando-me, bem-humorado:

– Cícero, agora é o seu tempo de experimentar o novo trabalho que vive em nossas mãos...

E, desde essa hora, eu que retinha a veleidade de condutor, embora a insipiência do aprendiz de Evangelho que ainda sou, comecei a entender alguma coisa do serviço gigantesco que nos compete impulsionar para a frente. (XAVIER; PEREIRA, 1955, apud CHRISPINO, 2014, p. 36-37, grifos nossos).

Ao que parece, ao nos alinharmos a um ou outro perfil no Movimento Espírita, como aqueles que nos apresenta Vianna de Carvalho, escolhemos também o grupo espiritual a que nos filiamos ou, na melhor das hipóteses, dificultamos a ação benfazeja dos benfeitores espirituais ou amigos espirituais que nos eram próximos em nosso próprio favor ou em favor dos resultados positivos do trabalho.

No grande mar das vibrações, regidos pelas regras da afinidade e da sintonia, ninguém mais pode dizer que não foi inspirado. Agora, é mais adequado dizer que fomos inspirados por quem buscamos como companhia ou ficamos surdos àqueles que nos quiseram ajudar.

Esclarecidos sobre essas questões, vamos refletir, na Segunda Parte, sobre a nossa relação com o Mundo espiritual.

---

6. O comunicante se refere a Dr. Ernesto Senra, antigo lidador do Espiritismo, em Minas Gerais, desde muito desencarnado.

4º Desafio:

A relação com os benfeitores

É comum que esperemos a manifestação dos benfeitores sobre os temas que compõem a grande lista das nossas ações a solicitarem decisões. Quando, porém, não recebemos as respostas que desejamos ou quando o silêncio é a grande resposta, sentimo-nos desamparados e, via de regra, rebelamo-nos visto que nos achamos merecedores de tal privilégio.

O Espírito Francisco Spinelli,[1] ao comentar tais solicitações, adverte:

> Enquanto caminhamos na carne, **solicitamos socorros a que não fazemos jus**, demorando-nos inquietos ante o silêncio dos benfeitores que parecem distantes dos problemas que lhes apresentamos.
>
> Libertos, porém, singrando os rios da espiritualidade, verificamos que de inopino somos alçados à condição de *guias*, pela comodidade de alguns companheiros que ficaram no orbe, solicitando,

---

1. SPINELLI, Francisco [Espírito]. *Trabalho unificador*. In: FRANCO, Divaldo Pereira [por diversos Espíritos]. **Sementeira da fraternidade**. 1. ed. Salvador: USEB, 1972.

Alvaro Chrispino

> intempestivamente, diretrizes e roteiros, **muito embora, há dois mil anos, tenham o Evangelho do Cristo ao alcance das mãos e próximo do coração**. Verificamos, então, que o silêncio de ontem, que não compreendêramos, é o mesmo a que hoje somos constrangidos manter em relação aos amigos que nos solicitam o que já têm em demasia, sem pretenderem fazer uso.
>
> Aproveitemos, então, o milagre da hora, a concessão da oportunidade e a bênção do momento para distendermos a claridade da Doutrina Espírita nas almas atormentadas entre as sombras do torvelinho físico. (FRANCO; SPINELLI, 1972, apud CHRISPINO, 2005, p. 58, grifos nossos).

Spinelli escreve que, após libertos do corpo e convidados a atuarem na condição de *guias*, tal qual informa Cícero Pereira, "verificamos, então, que o silêncio de ontem, que não compreendêramos, é o mesmo a que hoje somos constrangidos manter em relação aos amigos que nos solicitam o que já têm em demasia, sem pretenderem fazer uso" (p. 58): O Evangelho do Cristo como diretriz e roteiro. Um número expressivo de trabalhadores espíritas continua agrilhoado às orientações espirituais em temas corriqueiros e que são afetos exclusivamente ao grupo encarnado, que deve responder pelos processos de decisão e pela consequência deles, deixando a inspiração espiritual superior para os temas de relevo.

E, falando da importância de cada qual assumir a parte que lhe cabe na difusão do Evangelho na visão espírita, pede que "não aguardemos que os instrutores desencarnados retornem ao campo físico para realizar a tarefa que compete aos homens executar" (Franco; Spinelli, 1972, apud Chrispino, 2005, p. 57), indicando o risco que corremos de precisar

Sobre ovelhas e lobos: alguns desafios do Movimento Espírita

que os imortais reencarnem para a que a obra a que todos estamos vinculados possa se desenvolver e quiçá seja concluída com algum êxito. Se ocorrer tal fato, os imortais farão o que já sabem – cumprir as tarefas com sucesso –, enquanto nós continuaremos a buscar aprender a cumprir metas vinculados a interesses que não sejam os nossos.

Não satisfeito, ele anuncia que "pregamos a unificação, expomos diretrizes, mas não buscamos aprofundar-nos nas realizações unificadoras" (Franco; Spinelli, 1972, apud Chrispino, 2005, p. 59), porque, certamente, o Projeto Unificador do Movimento Espírita, lastreado nos *Princípios Gerais do Espiritismo* obtidos pela *Universalização do Ensino Espírita*, vai de encontro aos projetos pessoais e de grupos de interesses, que se colocam em posição prioritária, secundarizando as tarefas do Cristo.

Tal cenário se deve certamente à necessidade que temos de sermos tutelados nas decisões a serem tomadas, considerando que provocam inevitáveis consequências. Esse receio seria abrandado se o Evangelho fosse tomado em essência como roteiro e manual de relações humanas, e se os projetos pessoais, guiados pelas dissonâncias cognitivas e projetos de poder, fossem tratados com o cuidado que merecem.

Fica absolutamente claro na mensagem de Spinelli que nunca nos faltará amparo e intercâmbio, desde que estejamos todos afinados no mesmo propósito divino e cada qual realizando a parte que lhe cabe na obra da difusão.

Importa considerar ainda a mensagem de Carlos Lomba,[2] que em 1968 informava estar entre nós um grupo crescente de Espíritos reencarnados que seriam espíritas pela

---

2. LOMBA, Carlos [Espírito]. *Espíritas pela segunda vez*. In: VIEIRA, Waldo [por diversos Espíritos]. **Seareiros de volta**. 1. ed. Rio de Janeiro: FEB, 1968.

segunda vez e convida-nos a estruturarmo-nos de forma a oferecer a estes as condições para que realizem o que se propõem. Escreve ele:

> O número dos reencarnados detentores de conhecimento anterior do Espiritismo aumenta e aumentará a cada dia.
>
> Quanto mais a individualidade consciente mentalize o Mundo Espiritual numa vida física, mais facilidades obtém para lembrar-se dele em outra. **A militância doutrinária, o exercício da mediunidade ou a responsabilidade espírita vincam a alma de profundas e claras percepções que transpõem a força amortecedora da carne.**
>
> Os princípios espíritas, a pouco e pouco, automatizar-se-ão no cosmo da mente, através de reflexos morais condicionados pela criatura, assentados no sentimento intuitivo da existência de Deus e no pressentimento da sobrevivência após a morte que todos carregam no imo do ser. [...] Amigo, o Espiritismo é a nossa Causa Comum. **Auxilia os novos-velhos mergulhadores da carne, divide com eles os valores espirituais que possuis. Oferece-lhes a certeza de tua convicção, a alegria de tua esperança, a caridade de tua ação.**
>
> Se eles descem à tua procura, é indispensável recordes que esses companheiros reencarnantes contigo e o teu coração junto deles "serão conhecidos", na Vida Maior, "por muito se amarem". (VIEIRA; LOMBA, 1968, apud CHIRSPINO, 2014, p. 124, grifos nossos).

Manoel Philomeno de Miranda, em *Perturbações espirituais* (2015), narra a presença de Rafael, médium de uma

Sobre ovelhas e lobos: alguns desafios do Movimento Espírita

reunião mediúnica que visitava e informa ser ele um jovem de 40 anos, espírita pela segunda vez, tendo servido em encarnação anterior por volta do início do século XX, em Instituição Espírita na cidade do Rio de Janeiro.

Joanna de Ângelis,[3] em *Momentos de harmonia* (1991), ao descrever a evolução das ideias espíritas, especialmente as pesquisas sobre imortalidade da alma, informa sobre o retorno daqueles que iniciaram pesquisas no campo das ideias espíritas e indica um conjunto de comportamentos que certamente contribuem para uma melhor relação com os benfeitores. Escreve a veneranda:

> Penetrar o bisturi da investigação honesta no campo das revelações espíritas é o compromisso que assumiram os *novos obreiros do Senhor*, que reencarnaram com o objetivo de dar prosseguimento aos trabalhos que, momentaneamente, ficaram interrompidos com sua desencarnação, relativamente em tempos próximos passados...
>
> Os anteriores investigadores psíquicos dos fenômenos paranormais, em variadas áreas, abriram portas, antes, para a comprovação do ser integral – Espírito, periespírito e corpo –, agora se encontrando, de retorno, com os instrumentos da informação e da fé espírita, para enfrentar com segurança o cepticismo, a crueldade, a indiferença, a desonestidade e os seus fâmulos, que corrompem o indivíduo e perturbam a marcha do progresso da Humanidade.
>
> Apesar de adestrados para as tarefas do momento, surgem-lhes graves dificuldades que devem ser superadas, constituindo desafios-problemas. O

---

3. FRANCO, Divaldo Pereira; ÂNGELIS, Joanna de [Espírito]. **Momentos de harmonia**. 1. ed. Salvador: LEAL, 1991, capítulo 10 – Projetos iluminativos.

amor ao ideal e a abnegação, que eliminam a presunção e o despotismo, dar-lhes-ão forças e valor moral para enfrentamentos externos e a autossuperação da inferioridade e dos atavismos negativos.

Serão caracterizados pelos **espíritos de serviço**, pelo **interesse sadio dos resultados dos trabalhos**, colocados no campo de batalha por escolha pessoal, guardando a certeza do triunfo que lhes chegará.

Não se farão discutidores ferrenhos e insensatos, porquanto o seu é o tempo para o estudo dos dados e das investigações.

Não se imporão, porque reconhecem que o labor exige discernimento, maturidade psicológica e elevação de propósitos.

Não se agastarão com os acusadores, nem desanimarão com os aparentes insucessos, que se lhes constituirão estímulo para prosseguimento dos tentames.

Abertos ao amor, planejam um mundo melhor para eles mesmos e para a sociedade em geral, porque reconhecem que estes são dias de transição, e a seleção dos Espíritos se faz natural, preparando o Mundo de Regeneração. (FRANCO; ÂNGELIS, 1991, p. 56-57, grifos nossos).

Talvez seja o momento de deixarmos as súplicas aos Céus para assumirmos a preparação do campo da Vida onde os *obreiros de ontem* são *sementes do amanhã*, dependendo de semeadores do Cristo dedicados à sua Causa.

É crível pensar que aqueles que cumprem suas tarefas na medida de suas forças – os dignos esforços que fazem para dobrar as más inclinações – não terão nenhuma dificuldade em contatar ou serem contatados pelos benfeitores.

5º DESAFIO:

CONSTRUIR O ESPIRITISMO

PARA ESTA HORA!

Lins de Vasconcellos[1] inicia importante mensagem[2] sobre a prioridade de ação do Movimento Espírita nos dias atuais, fazendo um histórico dos acontecimentos que marcaram o primeiro século do Espiritismo. Lista as lutas contra o dogmatismo, os embates em praça pública, as zombarias etc. e realça que:

> Graças a isso, os pioneiros da hora do primeiro século do Espiritismo, que revive o Cristo vivo, **conseguiram plasmar em nós, através de nós e para todos nós**, no século que se iniciaria logo mais com realizações edificantes, o **novo conceito espírita impoluto e granítico**, capaz de enfrentar os voos da Ciência e consolar os oceanos das lágrimas dos corações em superlativa aflição. (PEREIRA; VASCONCELLOS, 1978, apud CHRISPINO, 2005, p. 50-51, grifos nossos).

1. Arthur Lins de Vasconcellos Lopes (1891-1952) foi presidente da Federação espírita do Paraná e trabalhador do Movimento Espírita especialmente do Paraná e do Rio de Janeiro.

2. VASCONCELLOS, Lins de [Espírito]. *Definição espírita*. In: FRANCO, Divaldo Pereira [por diversos Espíritos]. **Sementes de vida eterna**. 1. ed. Salvador: LEAL, 1978.

Alvaro Chrispino

Ele faz esse histórico detalhado para afirmar que, após o primeiro século de Espiritismo, foi deixada importante herança aos sucessores no Movimento Espírita e reflete sobre a evolução dos possíveis estágios do Movimento Espírita, apontando rumos para o futuro.

> Chegados ao primeiro século findo de Doutrina Espírita, saímos do **gabinete da experimentação mediúnica** para o labor da **assistência social amplo e largo**, fazendo que o Consolador colocasse no seu seio as gerações famélicas, os corpos torturados, as vidas estioladas, as organizações fisiológicas enfermiças, os tombados dos caminhos, Samaritano sublime que se fez, para levar ao albergue da esperança os que caíram entre Jericó e a Jerusalém libertada da Era Nova. Agora, porém, que se nos alargam as possibilidades de divulgar o espírito do Espiritismo em linguagem condicente com a mentalidade contemporânea, não meçamos esforços para que a **unidade doutrinária lobrigue seus fins** e para que a **obra gigantesca da educação realize o seu profundo desiderato**. (PEREIRA; VASCONCELLOS, 1978, apud CHRISPINO, 2005, p. 51, grifos nossos).

Parece-nos que Lins de Vasconcellos apresenta etapas importantes que compõem a história do Espiritismo e do Movimento Espírita. Inicia com o gabinete da experimentação mediúnica onde tudo começou. As vozes dos imortais cantaram esperança e desenharam cenários de futuro a partir dos princípios espíritas registrados em todas as partes do planeta. Estava descerrado o véu do Mundo original e da relação dos Espíritos com os encarnados.

Sobre ovelhas e lobos: alguns desafios do Movimento Espírita

O segundo momento é marcado pela assistência social ampla e larga, canal pelo qual a orientação da caridade melhor se manifestou desde o surgimento do Espiritismo no Brasil, considerando as necessidades sociais próprias da época. Até hoje a atividade assistencial tem seu amplo espaço na agenda do Movimento Espírita, assim como as atividades mediúnicas. Não é difícil encontrarmos casas espíritas cuja atividade principal seja a tarefa da assistência social, em um desvio da função original destas. A caridade material (serviço do pão) deve estar lastreada na caridade espiritual (serviço da luz), centrada na informação espírita disponibilizada por meio de metodologia de ensino adequada às realidades.

Entretanto, Lins de Vasconcellos nos fala de outro momento, que não deve eliminar os anteriores, mas sim também existir no espaço espírita, devendo contribuir para iluminar os dois anteriores, dando-lhes nova dinâmica e direção. Este novo momento é o da unidade doutrinária e da educação.

A mediunidade *de per si* pode não levar à transformação da emoção. "Bem-aventurados os que não viram e creram" (João, 20:29), disse Jesus diante da incredulidade ingênua de Tomé. Já são conhecidas as ações dos *fenomenologistas* que reduzem a ação mediúnica a mero fenômeno de observação a ser registrado em planilhas, desapegando-se do fato primordial que o fenômeno mediúnico é ponte entre criaturas, muitas vezes portadoras de saberes e de dores. Quando falta educação ao fenômeno mediúnico, ele é reduzido – e reduz os corações que nele se envolvem – a objeto de observação.

A assistência social *de per si*, quando não iluminada pela visão ampliada da educação baseada na integração dos princípios, pode se transformar em exercício de recolha e distribuição de bens e víveres que, se amenizam a fome, podem manter as distâncias entre quem dá e de quem recebe, visto que é a educação que nos ilumina com o Evangelho e nos mostra a necessidade de realizarmos essas ações considerando a centralidade do outro e para o outro.

Não sem fundamento, Lins de Vasconcellos retorna para realçar a importância da educação, visto que tal valor já havia sido registrado pelos *imortais* na obra inaugural do Espiritismo. Lembremo-nos de *O Livro dos Espíritos*:

> **685a.**
> [...] Há um elemento, que se não costuma fazer pesar na balança e sem o qual a ciência econômica não passa de simples teoria. Esse elemento é a **educação**, não a educação intelectual, mas a educação moral. Não nos referimos, porém, à educação moral pelos livros e sim à que consiste na *arte de formar os caracteres*, à que *incute hábitos*, porquanto *a educação é o conjunto dos hábitos adquiridos*. Considerando-se a aluvião de indivíduos que todos os dias são lançados na torrente da população, sem princípios, sem freio e entregues a seus próprios instintos, serão de espantar as consequências desastrosas que daí decorrem? Quando essa arte for conhecida, compreendida e praticada, o homem terá no mundo hábitos de *ordem e de previdência* para consigo mesmo e para com os seus, *de respeito a tudo o que é respeitável*, hábitos que lhe permitirão atravessar menos penosamente os maus dias inevitáveis. A desordem e a imprevidência são duas chagas que só uma educação bem entendida pode curar. Esse o ponto de partida, o elemento real do bem-estar, o penhor da segurança de todos.

> **Resumo teórico do móvel das ações humanas**
> **872.** [...] Cabe à **educação** combater essas más tendências. Fá-lo-á utilmente, quando se basear no estudo aprofundado da natureza moral do homem. Pelo conhecimento das leis que regem essa natureza moral, chegar-se-á a modificá-la, como se modifica a inteligência pela instrução e o temperamento pela higiene.
>
> **917. Comentários à resposta de Fénelon**
> [...] A **educação**, convenientemente entendida, constitui a chave do progresso moral. Quando se conhecer a arte de manejar os caracteres, como se conhece a de manejar as inteligências, conseguir-se-á corrigi-los, do mesmo modo que se aprumam plantas novas. Essa arte, porém, exige muito tato, muita experiência e profunda observação. É grave erro pensar-se que, para exercê-la com proveito, baste o conhecimento da Ciência. (KARDEC, 2013, p. 320, 385, 406, grifos nossos e itálicos no original).

Forçoso é refletir que, se Lins de Vasconcellos retorna para lembrar-nos de um conceito tão bem posicionado ao longo da Codificação, é porque talvez ele esteja subdimensionado, não priorizado, distorcido ou mesmo esquecido em face da força da tradição das etapas anteriores. Fato é que a educação, quando "convenientemente entendida", cumprirá papel indispensável na transformação do homem e da sociedade em que vive e interage.

Como vimos largamente até agora, essa educação não pode se restringir à distribuição farta de instrução. Ela precisa alcançar as criaturas de tal forma que elas se sintam capazes de "reconceitualizar" sua maneira de ver a si mesmas,

Alvaro Chrispino

ver o outro, ver a sociedade em que estão inseridas e ver o mundo, alcançando as emoções.

Ao final, o Espírito Lins de Vasconcellos retoma o tema da unidade doutrinária dizendo ser esta o exercício da convergência de propósitos nos trabalhos do Cristo. Chama a atenção ao risco para as casas espíritas, e os espíritas que as movem, se se deixarem levar pelas próprias histórias pessoais e interesses de grupos, permitindo que se reproduzam as experiências religiosas de ontem, e não a renovação transcendente do Cristo "em nós, através de nós e para todos nós", que o Espiritismo nos proporciona.

6º DESAFIO:

DIFERENCIAR O "SERVIÇO DA LUZ" E O "SERVIÇO DO PÃO"

Em janeiro de 1946 – logo, mais de 70 anos atrás –, o Espírito Emmanuel[1] recebe um questionamento de um trabalhador espírita do círculo próximo de Chico Xavier sobre a conveniência de construir, em Pedro Leopoldo, uma instituição beneficente. A resposta do benfeitor é inusitada e inesperada, em face das expectativas que temos, em geral, acerca da prioridade dos trabalhos de assistência no Movimento Espírita. Após realçar que os trabalhos devem produzir consequências para o futuro próximo e o longínquo, responde à pergunta direta do companheiro:

> [...] Quanto à pergunta direta que formulas sobre a conveniência da **construção de uma instituição beneficente em Pedro Leopoldo, devo dizer-te que a realização é fácil, mas prejudicial sob o ponto de vista dos interesses do espírito.**
>
> É que qualquer instituto de benefícios materiais, no momento, viria modificar os programas da

---

1. XAVIER, Francisco Cândido; EMANNUEL [Espírito]. *Prioridades*. In: **Reformador**, n. 5, ano 92, maio de 1974. Rio de Janeiro: FEB, p. 14-15.

Alvaro Chrispino

> usina de energia espiritual que se instalou aqui, com grandes dificuldades. Se houvesse necessidade premente, paralisaríamos o **serviço da luz** para atender exclusivamente ao **serviço do pão**, mas em verdade **não faltam institutos socorristas próximos**, a recepção de trabalho para o livro espiritista demanda circunstâncias especiais de simplicidade e, mais que nunca, sem qualquer presunção de nossa parte, necessitamos difundir conhecimentos básicos para o serviço coletivo de preparação mental no Evangelho.
>
> Se instalássemos, de pronto, instituto dessa natureza na cidade, humilde ou suntuoso, num movimento louvável e justo de caridade, **provocaríamos grande e contínua concentração de peregrinos, talvez mais da curiosidade científica menos construtiva que da necessidade em seu próprio sentido**. As preocupações e exigências, nas responsabilidades imediatas, perturbariam de algum modo o serviço que se vem fazendo para todos e provavelmente teríamos um círculo particularista em Pedro Leopoldo, atento a mil e uma obrigações sociais, excluindo a possibilidade da iluminação coletiva. (XAVIER; EMMANUEL, 1974, p. 14-15, grifos nossos).

Importante a distinção de categorias apresentada pelo benfeitor. Ele justifica sua resposta negativa informando que há planejamento espiritual de largo tempo e de impactos mais amplos em torno do que chamou de "serviço da luz" e que a criação de um "serviço do pão", por mais que se mostre necessária à primeira vista, iria consumir pessoas, tempo, recursos etc. e mobilizaria equipes em torno de "obrigações sociais, excluindo a possibilidade da iluminação coletiva".

Sobre ovelhas e lobos: alguns desafios do Movimento Espírita

Ao final, demonstrando que não está distante da necessidade material das criaturas, indica uma instituição que mantém o Lar dos Meninos, para quem solicita que dirijam seus esforços e interesse de ajuda.

Do mesmo teor é a instrução do Espírito José Petitinga, na palavra de Manoel Philomeno de Miranda (2008),[2] quando apresenta a história de uma Instituição Espírita de longo período de serviço e de vínculos construídos com benfeitores de altas esferas, que, após a desencarnação de sua fundadora, deu outra direção as atividades que desenvolviam. Ele narra que:

> [...] Posteriormente, na última vintena de anos do século passado, em face de ter havido uma irrupção de obras assistenciais espíritas no país, alguns conselheiros, sensíveis e devotados, tiveram a ideia de ampliar os serviços com a criação de um **lar para a infância abandonada ou esquecida na orfandade**. Nada de mais meritório nesse empreendimento. **Faltava, no entanto, a infraestrutura**, sob vários aspectos considerada para um cometimento desse porte. Entusiasmados, porém, os corações afetuosos deram início a campanhas de promoção do ideal e lograram construir um Lar para as meninas, o que foi relativamente fácil...
>
> Tudo marchava bem, enquanto as crianças eram pequenas, de fácil controle e sob orientação pedagógica bem estruturada. À medida, porém, que foram atingindo a adolescência e os

---

2. FRANCO, Divaldo Pereira; MIRANDA, Manoel Philomeno de [Espírito]. **Transtornos psiquiátricos e obsessivos**. 1. ed. Salvador: LEAL, 2008, capítulo 17 – Prosseguem as experiências libertadoras.

impulsos do passado vieram à tona, começaram a surgir situações desagradáveis. Nesse período, especialmente, escassearam os voluntários e abnegados servidores dedicados, havendo sido substituídos por pessoas remuneradas, com o caráter de emergência, que não correspondiam aos objetivos da obra...

[...] Simultaneamente, os **gastos aumentaram na razão direta em que os recursos escassearam**, ocorrendo a injunção abominável... A sociedade, que fora criada para divulgar o Espiritismo e orientar vidas, **passou a dedicar todos os seus esforços em favor da assistência social, criando mecanismos antidoutrinários para recolher donativos**, e utilizando-se da *onda de curas*, **adotando uma das terapias complementares, então denominadas de alternativas, para atrair público** e, por consequência, conseguir moedas para a *caridade* que se pretendia realizar... (FRANCO; MIRANDA, 2008, p. 246-247, grifos nossos e itálico do original).

Conclui a narrativa apontando que o clímax ocorreu quando a instituição passou a exigir que os atendidos se tornassem sócios para obter o "produto", mesmo que não retornassem mais, e que:

[...] As reuniões doutrinárias perderam o encanto e o conteúdo, porque os clientes sentavam-se à sala, ouvindo os expositores pouco motivados, aguardando a transferência para o outro recinto onde eram realizados os atribuídos benefícios energéticos. (FRANCO; MIRANDA, 2008, p. 247).

Sobre ovelhas e lobos: alguns desafios do Movimento Espírita

Eis aí as consequências de "serviços do pão" que podem trazer desvios ao "serviço da luz" e à própria função da Casa Espírita.

Pode-se, pois, retirar daqui pelo menos dois pontos de reflexão. O primeiro é que o que elegemos como prioridade/interesse pode não ser a prioridade/interesse do trabalho espiritual como um todo. Sendo assim, é indispensável saber o que nos move na escolha do que vamos realizar na parte encarnada das tarefas. Como segundo ponto temos a importância do trabalho em rede, que se dá quando o benfeitor indica outra instituição cujo trabalho assistencial poderia ser apoiado. No fundo, despersonaliza o trabalho de uma casa buscando torná-lo de todos, desestimulando o surgimento de trabalhos assistenciais criados apenas para que possam ser chamados "de meu".

Conforme buscamos demonstrar, proliferam nos movimentos religiosos em geral, e especialmente no Movimento Espírita, a busca pelo poder da interpretação tida como a mais correta e a natural adequação dos ditames doutrinários às necessidades e interesses de cada grupo ou pessoa. Infelizmente, esse tipo de luta pelo poder não acontece somente nas interpretações de cunho doutrinário. Ocorre também nos campos da assistência e promoção social espírita. Fiquemos em apenas um caso narrado por Manoel Philomeno de Miranda em *Perturbações espirituais*, o qual conta a história de duas trabalhadoras de uma mesma Casa Espírita que possuíam visões diferentes sobre o trabalho assistencial. Eis o que informa o Espírito:

> Tratava-se de uma luta interna que surgira, por indução desses companheiros inditosos, entre duas irmãs [Cenira e Carolina] que dirigiam a Sociedade. Uma delas, mais experiente e humilde, assumira o compromisso de manter fidelidade

Alvaro Chrispino

> à Codificação Espírita conforme elaborada por Allan Kardec. Amante da caridade sob todos os aspectos considerados, dedicava-se ao atendimento dos menos favorecidos pelos bens materiais, que nela encontravam a figura materna e paciente de verdadeira cristã. Como, porém, a Casa houvesse crescido muito pelos benefícios realizados a todos quantos a buscavam, acorreram também pessoas mais afortunadas e elegantes, portadoras de cultura e exigentes sob o ponto de vista filosófico, que passaram a ser atendidas pela outra, mais jovem, a gentil Carolina...
>
> [...] Carolina, menos cuidadosa com os valores do espírito, rebelava-se contra a ação da caridade material, especialmente que envolvia os membros da Instituição no auxílio aos irmãos da retaguarda, os "filhos do Calvário" que nos foram recomendados pelo Mestre, a fim de que os assistíssemos. (FRANCO; MIRANDA, 2015, p. 114-115).

É possível perceber que temos problemas, inabilidade ou incompetência para tratarmos de diferenças, e isso as transforma em conflitos de manifestações violentas no interior da Casa Espírita. Parece óbvio que a reunião de pessoas com histórias diferentes e visões singulares levarão a interpretações distintas sobre fenômenos subjetivos, e o problema aqui não é esse. O problema é continuar a tratar essas questões com posições pessoais em detrimento de uma reflexão e decisão coletiva, em prol do grupo e do motivo de existir das casas espíritas.

Na mesma família de fatos estão os serviços de cura imediata do corpo, que proliferam em casas espíritas e não espíritas, oferecendo curas do corpo em curto prazo, sem

Sobre ovelhas e lobos: alguns desafios do Movimento Espírita

maiores esforços daqueles que legitimamente buscam diminuir suas dores a partir de seus conhecimentos e possibilidades. O Espírito José Petitinga chamou isso de *ondas de cura* que, em geral, adotam terapias chamadas de alternativas para atrair público.

Neste ponto, é importante recorrer ao exemplo infeliz protagonizado pelo médium Davi, conforme narra Manoel Philomeno de Miranda, em sua obra *Trilhas da libertação* (1996). A história se baseia nas realizações do médium Davi e sua escolha pelas ações chamadas de cura espetacular, por conta da especialidade mediúnica de que era portador, sob a direção de um determinado Espírito, de nome Hernann Grass, mais vinculado aos resultados imediatos das curas do que da transformação moral dos atendidos. Essa história é a mesma de muitos outros médiuns e de muitas outras casas que se permitem os desvios de finalidade, quando a cura do corpo se sobrepõe à cura do espírito, deixando-se levar pelos espetáculos em torno dos fenômenos que patrocinam. Sobre isso, escreve o Espírito Carneiro de Campos, na mesma obra:

> O período dos fenômenos mediúnicos ostensivos, ruidosos mesmo chocantes, vai cedendo lugar às sutilezas do comportamento, à educação dos pacientes, de modo a ser lograda a cura real, e a mediunidade deixar o palco do exibicionismo, que a uns convence, mas não os transforma intimamente para melhor, e a outros, pelo seu aspecto agressivo, como o caso em tela [desencarnação do médium Davi], provoca debate, suspeita, confusão mental... (FRANCO; MIRANDA, 1996, p. 267).

Esvaziamento das reuniões públicas de estudo, conhecimento que produz reflexão para orientar decisões na vida,

Alvaro Chrispino

orações que emergem das profundezas do ser são pontos que se tornam secundários para se dar ênfase às práticas exóticas de curas a atender um público cada vez mais numeroso e menos interessado em transformação pessoal.

Há uma falsa impressão de que a cura do corpo transforma a criatura de forma definitiva. A benfeitora Joanna de Ângelis,[3] testemunha dos acontecimentos em torno do Evangelho de Jesus, apresenta informações sobre alguns dos personagens do Evangelho que tiveram seus corpos curados, sem que isso resultasse em transformações mais profundas:

> Natanael ben Elias, o paralítico descido pelo telhado na casa de Simão Pedro, em Cafarnaum, que se recuperou totalmente da enfermidade que o aprisionava ao leito, não seguiu Jesus; antes, pelo contrário, entregou-se às dissipações, que lhe trouxeram outros males, sucumbindo à morte inevitável.
>
> O cego Bartimeu, de Jericó, que rogou em altos brados o socorro de Jesus para a escuridão em que se debatia, recuperou a vista, deixou-se arrebatar pelo júbilo, mas não acompanhou o Mestre, seguindo adiante, na busca das atividades normais, até o momento em que a morte o arrebatou.
>
> Dos dez leprosos que tiveram as feridas cicatrizadas, somente um retornou para agradecer ao Divino Médico, mais sensível do que os ingratos que se foram com sofreguidão. Apesar disso, esse que veio não ficou. Logo após expressar reconhecimento, também se foi na busca dos prazeres, sucumbindo, tempos depois, ao fenômeno biológico da morte.

---

3. FRANCO, Divaldo Pereira; ÂNGELIS, Joanna de [Espírito]. **Libertação do sofrimento**. 2. ed. Salvador: LEAL, 2016, capítulo 5 – Curas aparentes e curas reais.

> A mulher hemorroíssa, que teve o fluxo de sangue detido, exaltou o Mestre alegremente, mas retornou às suas origens, desaparecendo no tempo e sendo consumida igualmente pela morte.
>
> O endemoninhado gadareno, que recuperou a lucidez mental sob o comando de Jesus, que o libertou da Legião de Espíritos infelizes que o atormentavam, louvou o Benfeitor inesperado, porém continuou na mesma cidade onde fora espezinhado e perseguido, mais tarde devorado pela morte.
>
> O cego de nascimento, que teve abertos os olhos para a claridade do dia, enfrentou a fúria dos sacerdotes confirmando o prodígio realizado por Jesus; no entanto, ficou, ali mesmo, desfrutando das comodidades, sem que se houvesse animado a seguir o Messias, não evitando o desgaste, outras doenças e a morte.
>
> O jovem epiléptico, portador de obsessão lamentável, a pedido de seu pai recebeu a bênção da saúde com a expulsão do *Espírito imundo* que o atenazava, entretanto, nem ele nem seu genitor acompanharam o Senhor, após tão significativo favor recebido [...]. (FRANCO; ÂNGELIS, 2016, p. 43-44).

Como se pode ver, nenhum deles permaneceu no Evangelho após sofrerem intervenção direta de Jesus nas mazelas do corpo.

Por outro lado, continua a veneranda Joanna de Ângelis:

> Maria Madalena, porém, portadora de ultriz enfermidade da alma, recebeu de Jesus a cura real e deu-se-Lhe em regime de totalidade, sendo por Ele homenageada para anunciar a Sua res-

surreição, e, quando a morte lhe chegou, alou-se ao Infinito em luz.

A mulher adúltera, a quem Ele impediu de ser lapidada pelos cruéis perseguidores, renovou-se, e, acompanhando-O por algum tempo, partiu para longes terras, onde ergueu um lar para os infelizes quanto ela o fora. Arrebatada pela morte, prosseguiu no ministério de compaixão e amor em nome d'Ele.

Zaqueu, o desditoso cobrador de impostos, que padecia de atrofia dos sentimentos nobres, ao vê-lO passar e deixando-se tocar pela Sua ternura, recebeu-O no lar, curou-se da cobiça, dos males da alma, e, sem O esquecer, partiu para outra cidade, onde abriu um albergue para os sofredores, homenageando-O. Ao falecer, recebeu multiplicados os dons que oferecera aos irmãos do caminho.

Todos quantos receberam a cura real para as mazelas do Espírito renovaram-se e permaneceram devotados ao bem, lutando, infatigavelmente, pela preservação da saúde plena. (FRANCO; ÂNGELIS, 2016, p. 44-45).

Por conta desses fatos e diferença entre os serviços da luz e do pão, trazidos por Emmanuel há mais de 70 anos, necessitamos tratar de dois assuntos que, em geral, causam reação a alguns companheiros por interpretá-los equivocadamente como destituídos de "espírito cristão": o planejamento[4] e a avaliação.[5] A existência de planejamento adequado em processo refletido pode evitar decisões precipitadas,

---

4. FRANCO; Divaldo Pereira; ÂNGELIS, Joanna de [Espírito]. **Espírito e vida**. Edição comemorativa de 50 anos. Salvador: LEAL, 2016, capítulo 38 – Planejamento.
5. FRANCO; Divaldo Pereira; ÂNGELIS, Joanna de [Espírito]. **Alegria de viver**. 1. ed. Salvador: LEAL, 1987, capítulo 8 – Momento de avaliação.

assim como a avaliação madura pode indicar desvios e lacunas que podem e devem ser ajustados ao longo do trabalho. Sobre o planejamento, escreve a benfeitora Joanna de Ângelis:

> A obra do bem em que te encontras empenhado **não pode prescindir de planejamento.** Nem o estudo demorado, no qual aplicas o tempo, fugindo à ação. Nem a precipitação geradora de muitos insucessos.
>
> Para agires no bem, muitas vezes, qualquer recurso positivo constitui-se material excelente de rápida aplicação. **Todavia, o delineamento nos serviços que devem avançar pelo tempo tem regime prioritário.**
>
> [...] Programar para agir é condição de equilíbrio.
>
> Nas atividades cristãs que a Doutrina Espírita desdobra, o servidor é sempre convidado a um trabalho eficiente, pois que a realização não deve ser temporária nem precipitada, mas de molde a atender com segurança.
>
> A caridade, desse modo, não se descolore na doação pura e simples, adquirindo o matiz diretivo e salvador.
>
> [...] **Planifica tudo o que possas fazer e que esteja ao teu alcance.**
>
> Estuda e examina, observa e experimenta, e, resoluto, no trabalho libertador avança, agindo com acerto para encontrares mais tarde, na realização superior, a felicidade que buscas. (FRANCO; ÂNGELIS, 2016, p. 129-130, grifos nossos).

Diferentemente do que pensam alguns, o processo de planejamento é o melhor trajeto a fim de que as inspirações

Alvaro Chrispino

possam ocorrer no esforço para que as decisões a serem tomadas pela equipe encarnada estejam na direção do projeto desenhada para a casa e para os que nela trabalham.

Apesar de sua importância, o planejamento deve ser aplicado com os cuidados necessários para que não seja veículo portador de intensões escusas da emoção. O excesso de zelo e a escravidão às rotinas mecanicistas dos processos de gestão podem esconder a supremacia de grupos ditos *mais bem preparados* para tal ação e mesmo a transformação do secundário em principal. Vejamos o que escrevem os espíritos Vianna de Carvalho e José Petitinga, em mensagem intitulada *Carta aos companheiros* (1978):[6]

> [...] Cuidar de estabelecer programas de trabalho e pugnar por um comportamento disciplinado, nas tarefas, sem as improvisações perniciosas, é dever de todos. **Extrapolar este objetivo para a implantação de regras e imposições de decisões personalistas, mediante o perigoso predomínio de um grupo dominador, culturalmente mais bem dotado, quiçá sem qualquer vivência doutrinária, que se erige em hierarquia de destaque, convém evitado antes que se agravem as circunstâncias e que a cizânia divida lamentavelmente os trabalhadores e as Entidades, na gleba da Doutrina libertadora.**
>
> Há lugares para todos trabalharem; não, porém, **como pretensos chefes, hierarquizados perigosamente**, com uma deplorável atrofia dos valores legítimos interiores e uma inconsequente supervalorização dos títulos e conquistas mundanos...

---

6. Página psicografada em 20 de novembro de 1978 no Centro Espírita Caminho da Redenção, em Salvador, Bahia. A mensagem pode ser encontrada na íntegra no livro *Aos espíritas*, publicado Editora LEAL.

A **"realeza" é sempre espiritual**. A superioridade, em nossos labores, é de qualidade moral, merecendo respeito todos os esforços que visem à meta sempre ingente: melhorar o homem e a comunidade humana, guiando-os para Jesus. (FRANCO; PETITINGA; CARVALHO, 1978, grifos nossos).

A veneranda Joanna de Ângelis trata ainda da avaliação e instrui quanto à necessidade de se trazer este tema para o cotidiano das instituições espíritas:

> No que diz respeito à economia moral, é imprescindível fazer-se uma **avaliação das conquistas realizadas durante a ocorrência de cada período**, para bem aquilatar-se de como se vai e de como programar-se a etapa nova.
>
> Os minutos sucedem-se, gerando as horas.
>
> Os dias passam, estabelecendo meses.
>
> Os anos se acumulam e as estruturas do tempo se alteram.
>
> Quem conhece Jesus é convidado a investir, nos divinos cofres do amor, as moedas que a sabedoria lhe faculta em forma de maior iluminação, pela renúncia, caridade, perdão e esperança.
>
> De tempos em tempos, impostergavelmente, torna-se necessário um cotejo do que foi feito em relação ao programado, para medir-se o comportamento durante o trânsito dos compromissos.
>
> **Façamos hoje, no encerramento da experiência, uma avaliação-balanço.**
>
> Constatada a presença de equívocos, disponhamo-nos a corrigi-los.
>
> Identificados os êxitos, preparemo-nos para multiplicá-los.

Alvaro Chrispino

Logrados os sucessos, apliquemo-los em favor do bem geral.

Detectados os malogros e sofrimentos, abençoemos a dor e a dificuldade que nos devem constituir impulso e estímulo para o prosseguimento. **Tenhamos, no entanto, a coragem de uma avaliação honesta, sem desculpas, sem excesso de intransigência. [...] Uma avaliação sensata far-nos-á descobrir onde e por que nos equivocamos, como e para que nos poderemos reabilitar, avançando com segurança no rumo do objetivo final.** [...] Proponhamo-nos à pausa da reflexão com a coragem de nos despirmos perante a consciência, como se a desencarnação nos houvesse surpreendido e nos não fosse possível omitir, escamotear ou fugir à responsabilidade que adquirimos perante a vida, face à dádiva da reencarnação. (FRANCO; ÂNGELIS, 1987, p. 60-62).

Parece-nos que a dificuldade da avaliação remonta a questões pessoais que relacionam a avaliação e a identificações de lacunas ou falhas nos atingimentos de objetivos como falhas pessoais. Por outro lado, tem-se ainda a tendência histórica de transferir para terceiros as possíveis falhas no processo planejado.

Por fim, não podemos esquecer da dificuldade cada vez mais percebida no campo da comunicação. As avaliações são temidas por conta das coisas que se dizem e se ouvem, e como se dizem e como se ouvem... As artes da comunicação equilibrada se aprendem.

É planejando e avaliando que somos capazes de diferenciar o "serviço da luz" e o "serviço do pão", e quanto cada um deles pode e deve servir ao propósito do Movimento Espírita.

7º Desafio:

Decidir a quem servimos: a nós ou a Jesus?

Dentre os temas de que tratam os Espíritos-espíritas quando se dirigem aos trabalhadores espíritas que ficaram no corpo, alguns ocupam posição de relevo pela quantidade de mensagens e pela gravidade das consequências narradas nos textos. Um desses temas é a fidelidade doutrinária, em geral, e as divergências de interpretação dos textos doutrinários por conta de interpretações individualistas e casuísticas.

A primeira parte desta obra, mais alongada nos três desafios que apresenta, buscou retratar os comportamentos históricos diante das interpretações dos textos religiosos e as dinâmicas psicossociais registradas nas comunidades religiosas. Interpretar de acordo com as próprias possibilidades é explicável pela construção social do conhecimento, assim como interpretar de acordo com os próprios interesses é protagonizar o jogo do poder, do individualismo, da presunção, tal qual antes. Se tomamos conhecimento de que a história foi assim, espera-se que este aprendizado ofereça diferentes trajetos para o futuro.

Manoel Philomeno de Miranda, após fazer considerações históricas sobre as dificuldades humanas criadas ao longo dos desvios no Cristianismo nascente e também nas chamadas religiões tradicionais, faz considerações sobre comportamento semelhante no Movimento Espírita.

Em *Amanhecer de uma nova era* (2012), escreve:

> O Espiritismo, por sua vez, vem sendo sacudido **por tormentas internas no movimento**, gerando dissensões, filhas diletas da presunção, chegando ao ponto de contestar as bases da Codificação, ou apresentando-se falsas técnicas travestidas de científicas, de experiências pessoais, de informações mediúnicas não confirmadas pela *universalidade do ensino*.
>
> Novos missionários surgem de um para outro momento, a si mesmos atribuindo realizações superiores e mergulhando em tormentosas obsessões por fascinação, assim como se apresentam novidades estapafúrdias que levam o bom nome da doutrina ao ridículo, pela maneira como são expostas as teses infelizes, nascidas na vaidade daqueles que são médiuns ou não.
>
> [...] Torna-se imprescindível o retorno às fontes evangélicas e às origens do movimento doutrinário totalmente destituídos de autoridades, de especialistas, de detentores de títulos universitários e arrogância intelectual, volvendo-se à simplicidade e ao serviço eminentemente cristão. (FRANCO; MIRANDA, 2010, p. 19, grifos nossos).

Já em *Transição planetária* (2010), ele registra:

> [...] E os discípulos do *Consolador*, como se vêm comportando? Não existem já as diferenças gritantes em separatismos lamentáveis, através

de correntes que se fazem adeptas de X, Y ou Z, em detrimento da Codificação Kardequiana na qual todos haurimos o conhecimento libertador?! Não surgem, diariamente, médiuns equivocados, agressivos, presunçosos, vingativos, perseguidores, insensatos, pretendendo supremacia, em total olvido das lições do Excelente Médium de Deus?! Por outro lado, surgem **tentativas extravagantes para atualizar o pensamento espírita** com a balbúrdia em lugar da alegria, com espetáculos ridículos das condutas sociais reprocháveis, com falsos holismos em que se misturam diferentes conceitos, a fim de agradar às diversas denominações religiosas, com a introdução de festas e atividades lucrativas, nas quais não faltam bebidas alcoólicas, com bailes estimulantes à sensualidade, com festejos carnavalescos, a fim de atrair-se mais adeptos e especialmente jovens, em vez de os educar e orientar, aceitando-lhes as imposições da transitória mocidade. Denominam-se os devotados trabalhadores fiéis à Codificação, em tons chistosos e de ridículo, como ortodoxos, e dizem-se modernistas, como se os Espíritos igualmente se dividissem em severos e gozadores, austeros e brincalhões na utilização da mensagem libertadora do Evangelho de Jesus à luz da revelação espírita... (FRANCO; MIRANDA, 2010, p. 181, grifos nossos).

Na mesma tônica, informa em *Perturbações espirituais* (2015):

Infelizmente, ainda é da natureza humana o vício de adaptar o conhecimento libertador à estreiteza da sua compreensão, de submeter a lição sublime aos impositivos das paixões e dependências,

Alvaro Chrispino

hábitos doentios e conformismos, geradores do alucinado e equivocado prazer. (FRANCO; MIRANDA, 2015, p. 16).

Parece-nos que as dificuldades que são percebidas no Movimento Espírita já estão retratadas, mapeadas e analisadas pelos instrutores espirituais, bem como pelos Espíritas recém-desencarnados que retornam para alertar-nos sobre os perigos desses comportamentos.

Allan Kardec não deixou de comentar o fenômeno das divergências causadas por conta das diferentes interpretações pessoais, conforme se pode observar no livro *Obras póstumas*: "[...] o Espiritismo não é compreendido da mesma forma por toda gente" (Kardec, 2005, p. 446), e do impacto das dissensões no Movimento Espírita:

> Uma questão que desde logo se apresenta é a dos **cismas** que poderão nascer no seio da Doutrina. Estará preservado deles o Espiritismo?
>
> Não, certamente, porque terá, sobretudo no começo, de lutar contra as ideias pessoais, sempre absolutas, tenazes, refratárias a se amalgamarem com as ideias dos demais; e contra a ambição dos que, a despeito de tudo, se empenham por ligar seus nomes a uma inovação qualquer; dos que criam novidades só para poderem dizer que não pensam ou agem como os outros, pois lhes sofre o amor-próprio por ocuparem uma posição secundária. (KARDEC, 2005, p. 418, grifo nosso).

Pregando o valor da homogeneidade dos grupos como fator preponderante para o sucesso da instituição, escreve ainda:

> A condição absoluta de vitalidade para toda reunião ou associação, qualquer que seja o seu objetivo,

é a homogeneidade, isto é, a unidade de vistas, de princípios e de sentimentos, a tendência para um mesmo fim determinado, numa palavra: **a comunhão de ideias**. Todas as vezes que alguns homens se congregam em nome de uma ideia vaga jamais chegam a entender-se, porque cada um apreende essa ideia de maneira diferente. Toda reunião formada de elementos heterogêneos traz em si os germens da sua dissolução, **porque se compõe de interesses divergentes, materiais, ou de amor-próprio, tendentes a fins diversos que se entrechocam e rarissimamente se mostram dispostos a fazer concessões ao interesse comum, ou mesmo à razão**; que suportam a opinião da maioria, se outra coisa não lhes é possível, mas que nunca se aliam francamente. (KARDEC, 2005, p. 442, grifos nossos).

Sem sombra de dúvida, ao tratar da constituição do Espiritismo, o codificador oferece desde antes pontos para nossa reflexão, a fim de que não nos deixemos envolver por questões capazes de desviar-nos da tarefa de construir um Movimento Espírita comprometido com a difusão da Boa-nova.

Como nosso propósito é coletar as contribuições dos Espíritos-espíritas para as reflexões dos companheiros-espíritas que ficaram, vamos resgatar ideias de Lins de Vasconcellos, de Guillon Ribeiro, de Vianna de Carvalho e de Aristides Spínola, para não sermos exaustivos.

Em mensagem ditada em 1972, Lins de Vasconcellos[1] demonstra estar atualizado com as mais candentes discussões sobre o conhecimento científico ao escrever que:

---

1. VASCONCELLOS, Lins de [Espírito]. *Entendimento e unificação*. In: FRANCO, Divaldo Pereira [por diversos Espíritos]. **Sementeira da fraternidade**. 1. ed. Salvador: USEB, 1972.

Alvaro Chrispino

> Os grandes ideais da vida, quando transladados para a experiência do cotidiano, sofrem, não raro, **os condicionamentos do homem a quem apraz modelar as informações superiores com a argila das cogitações de que dispõe.** Assim tem sido, e parece, por mais algum tempo, assim prosseguirá. (FRANCO; VASCONCELLOS, 1972, p. 91, grifos nossos).

A posição apresentada pelo Espírito se reveste de grande atualidade. A frase em negrito sintetiza, ou representa de alguma forma, as ideias apresentadas pelo campo teórico de esclarecer que o conhecimento é socialmente construído, a realidade é pessoalmente interpretada a partir do repertório de possibilidades daqueles que interagem com o conhecimento e/ou com a realidade.

Chama a atenção ainda para o seguinte:

> Não obstante a inteireza granítica da Doutrina Espírita, momento surge em que os **pruridos do personalismo humano no movimento em que gravitam os homens levantem susceptibilidades cruéis,** parecendo ameaçar de fracionamento o trabalho organizado pelo Mundo espiritual sempre atento à preservação da unidade Doutrinária, unidade vazada nas lições excelsas do Apóstolo de Lyon.
>
> [...] Estes são dias em que se fazem necessários muito siso no estudo e muita meditação antes de atitudes e cometimentos, de modo que o labor duramente desenvolvido desde há mais de 100 anos não venha a sofrer solução de continuidade por capricho de uns ou insolência de outros, estribados em opiniões pessoais ou apressadas disposições de divergir e dissentir... (FRANCO; VASCONCELLOS, 1972, p. 91-92, grifos nossos).

Sobre ovelhas e lobos: alguns desafios do Movimento Espírita

O que desperta atenção é o fato de que este fenômeno de interpretar grandes ideais e tirar posições personalíssimas não é novo no universo religioso, sendo matéria estudada desde antes, como pretendemos ter demonstrado na primeira parte desta obra. O Espiritismo, com pouco mais de 160 anos, já coleciona dissensões de toda ordem – "a casa dividida" –, fundadas em interpretações pessoais que são incapazes de suplantar, em número e em qualidade, os centros espíritas e médiuns que participaram do sistema complexo que resultou na Codificação Espírita – "o feixe de varas".

O Espírito Guillon Ribeiro,[2] em sua primeira mensagem[3] pelo médium Chico Xavier, em 1955, adverte os companheiros espíritas encarnados:

> [...] Ah! meus amigos, quantos legionários da nossa grande causa, para gáudio da sombra geradora da discórdia, na hora grave que atravessamos, **adormecem à margem dos compromissos assumidos**, **embriagados no ópio da indiferença**, **cegos para a missão do Espiritismo** como o Paracleto que nos foi prometido pelo Cristo de Deus, surdos para com a realidade que lhes brada emocionantes apelos ao trabalho do Evangelho, ou **hipnotizados nas contendas antifraternas** em que malbaratam os recursos que o Senhor nos empresta, convertendo-se, levianamente, na instrumentalidade viva da negação e das trevas!

---

2. Luiz Olímpio Guillon Ribeiro (1875-1943) foi Presidente da Federação Espírita Brasileira (1920-1921 e 1930-1943) e tradutor das obras de Allan Kardec e outros autores espíritas para o português.

3. RIBEIRO, Guillon [Espírito]. *Orando e vigiando*. In: XAVIER, Francisco Cândido [por diversos Espíritos]. **Instruções psicofônicas**. 1. ed. Rio de Janeiro: FEB, 1955.

Crendo brunir a elucidação doutrinária, traçam inextricáveis labirintos para as almas ainda inseguras de si e que se nos abeiram do manancial de consolações preciosas; e, supondo cultuar a verdade, apenas extravagam na retórica infeliz de quantos se anulam sob os **narcóticos da vaidade**, transformando a água viva da fé que lhes jorrava dos corações em fel envenenado de loucura e perturbação para si mesmos ou caindo sob os golpes desapiedados de nossos infelizes companheiros do passado, a nos acenarem de outras reencarnações e de outras eras. (XAVIER; RIBEIRO, 1955, apud CHRISPINO 2014, p. 39-40, grifos nossos).

Porque se submetem exclusivamente às lentes pessoais que usam para ler o texto, interpretam com os valores e crenças que possuem, dando conotação personalizada daquilo que é produção coletiva, resultando em:

[...] enxertos de ideias e convenções, práticas inconvenientes e comportamentos que não encontram guarida na sua rígida contextura doutrinal que, aceitos, poderiam criar desvios, através dos quais atrairiam os incautos e desconhecedores das suas propostas corretas, destituídas de compromissos com outras doutrinas, que iriam criar, sem dúvida, perturbações perfeitamente evitáveis.

[...] Indispensável, portanto, a vigilância de todos os espíritas sinceros, para que o **escalracho seitista e sutil da invasão de teses estranhas** não predomine no seu campo de ação, terminando por asfixiar a planta boa que é, e cuja mensagem dispensa as propostas reformadoras, caracterizadas pela precipitação e pelo desconhecimento dos seus ensinamentos.

Quando novos descobrimentos forem apresentados e merecerem consideração, o Espiritismo os absorverá; quando forem comprovados equívocos no seu tecido doutrinário, serão deixados de lados estes, sem qualquer prejuízo para o seu conjunto de postulados harmônicos.

O Espiritismo resiste aos seus oponentes, que o caluniam insensatamente e aos seus adeptos invigilantes, que se deixam fascinar pela vaidade, buscando promoção do *ego*, projeção da personalidade doentia, através da sua extraordinária contribuição.[4] (FRANCO; CARVALHO, 2001, p. 44-46, grifos nossos).

Mais uma vez, o alerta de Vianna de Carvalho nos remete aos comportamentos eminentemente humanos no trato dos temas religiosos registrado pela história. Isso significa claramente que estamos cometendo erros antigos, repetindo as mesmas práticas, apesar da claridade meridiana que a Doutrina Espírita oferece.

É Aristides Spínola[5] que nos apresenta mensagem[6] em que traz importante reflexão sobre nossos desafios, após enumerar as lutas que tivemos que enfrentar contra adversários dos mais diversos:

[...] Pessoas que antes se dedicavam, motivadas pelo combate sistemático contra este ou aquele credo religioso ou filosófico, **não aprenderam a**

---

4. CARVALHO, Vianna de [Espírito]. *Fidelidade doutrinária*. In: FRANCO, Divaldo Pereira [por diversos Espíritos]. **Luzes do alvorecer**. 1. ed. Salvador: LEAL, 2001.
5. Aristides Spínola (1850-1025) foi presidente da FEB por dois mandatos (1914-1917 e 1922-1924) e vice-presidente em três. Advogado brilhante, foi defensor de muitos médiuns no período inicial do Espiritismo no Brasil
6. SPÍNOLA, Aristides [Espírito]. *Convite aos espíritas*. In: FRANCO, Divaldo Pereira [por diversos Espíritos]. **Terapêutica de emergência**. 7. ed. Salvador: LEAL, 2015.

atuar a favor do bem, sem o hábito de enfrentar *adversários*, valorizando, quanto devia, a ação do progresso e da educação das massas, através da informação positiva e da terapia preventiva contra os erros e gravames de que o Espiritismo é rico em contribuição.

Na falta, **portanto, dos *inimigos* tradicionais,** que geraram conflitos em todas as áreas do progresso humano, **os combatentes voltam-se, agora, para apontar erros no Movimento, evadindo-se da tarefa de ensinar pelo exemplo, brandindo as armas do trabalho eficiente em vez da catilinária verbalista ou das páginas que incendeiam os corações e aturdem as mentes...**

[...] Indispensável que todos nos conscientizemos – desencarnados e encarnados – dos compromissos perante a ensementação do bem, na seara do Senhor, e, sem medirmos esforços, partamos para a lavoura da realização, porquanto nunca, tal como agora acorre, houve tanta necessidade do conhecimento, da vivência e da lição espírita, modeladores de um homem feliz e de um mundo melhor.

A nossa oportunidade ditosa surge e logo passa. Utilizemo-la com a sabedoria de quem examina antigas paixões com a tranquilidade do tempo que as venceu, aplicando os resultados para o próprio e o bem geral. (FRANCO; SPÍNOLA, 2015, p. 33-35, grifos nossos).

Este tema, os desertores e desviantes, não deixou de merecer a análise de Allan Kardec, e ele o fez em *Obras póstumas*. Além disso, na *Revista Espírita* de dezembro de 1869, logo após a publicação do texto *Desertores*, os organizadores dela agregam uma mensagem do Espírito Allan Kardec, que volta a tratar do assunto:

> [...] Desde que voltei para o mundo dos Espíritos, tornei a ver alguns desses infelizes! Arrependem-se agora; lamentam a inação em que ficaram e a má vontade de que deram prova, sem lograrem, todavia, recuperar o tempo perdido!... **Tornarão em breve à Terra**, com o firme propósito de concorrerem ativamente para o progresso e se verão ainda em luta com as tendências antigas, até que triunfem definitivamente. **Fora de crer que os espíritas de hoje, esclarecidos por esses exemplos, evitariam cair nos mesmos erros. Assim, porém, não é.** Ainda por longo tempo haverá irmãos falsos e amigos desassisados; mas, tal como seus irmãos mais velhos, não conseguirão que o Espiritismo saia da sua diretriz. (KARDEC, 2005, p. 492, grifos nossos).

Parece-nos que está clara a participação de Allan Kardec, no Mundo espiritual, em torno dos destinos do Movimento Espírita. Atento à continuidade de sua obra, escreve sobre os desertores, os adversários internos e as divergências que, aliás, marcariam o Movimento Espírita francês, tal qual o brasileiro.

Logo, devemos contribuir com nossas análises e posições, oferecendo aos grupos dos quais fazemos parte a nossa vivência, a nossa experiência e o nosso conhecimento em forma de contribuição ao aprendizado pessoal e coletivo, mas sem esquecer a quem servimos na motivação que nos move: a nós e o nosso passado, ou a Jesus e o nosso futuro?

8º DESAFIO:

A FORMAÇÃO E MANUTENÇÃO DE EQUIPES DE TRABALHO

> *[...] o Senhor nomeou outros setenta e dois;*
> *e os enviou de dois em dois, adiante dele,*
> *a todas as cidades e lugares que Ele estava*
> *prestes a visitar.*
>
> Lucas, 10:1

Outro tema de recebe grande atenção dos Espíritos-companheiros é o trabalho em equipe. Sobre esse tema, escrevem repetidas vezes Espíritos como Emmanuel, Joanna de Ângelis, Guillon Ribeiro, entre outros, cujos textos utilizaremos para pontuar questões de reflexão em torno dele.

A benfeitora Joanna de Ângelis[1] informa que nossas relações como grupo espiritual são mais antigas do que supomos. Segundo ela:

> Formamos uma grande família, na sublime família universal, uma equipe de Espíritos afins.
>
> Vinculados uns aos outros desde o instante divino em que fomos *gerados* pelo Excelso Pai, vimos jornadeando a penosos contributos de sofrimentos, em cujas experiências, a pouco e

---

1. FRANCO, Divaldo Pereira; ÂNGELIS, Joanna de [Espírito]. **Após a tempestade**. 12. ed. Salvador: LEAL, 2016, capítulo 24 – Os novos obreiros do Senhor (labor em equipe).

Alvaro Chrispino

pouco, colocamos os *pilotis* de segurança para mais expressivas construções... (FRANCO; ÂNGELIS, 2016, p. 127).

Para enfatizar que a origem dos grupos espíritas da atualidade possui motivação anterior, a benfeitora[2] afirma que:

> Clãs espirituais se comprometem, antes da reencarnação, à tarefa em que devem mourejar a benefício do crescimento moral e da própria ascensão.
>
> A programática se desdobra esquematizada, e o amor constitui o traço de união, o alicerce de segurança e a porta de serviço...
>
> Grupos afins, que se extraviaram e compreendem a necessidade de libertação como de soerguimento, programam labores, na Terra, que executam em clima de harmonia e abnegação, desdobrando esforços a benefício geral.
>
> Espíritos forjados para as realizações enobrecedoras mergulham nas densas vibrações do corpo físico, apoiados por cooperadores afeiçoados, convocados pelo Senhor da Vinha para darem cumprimento às Suas determinações. (FRANCO; ÂNGELIS, 1978, p. 149-150).

Visto que fazemos parte desde antes do grupo de Espíritos em processo de aprendizado e que planejamos participar de grupos de trabalho espírita, devemos considerar o valor da participação de cada um no conjunto de trabalho. Emmanuel,[3] com a assertividade e o poder de síntese que

---

2. FRANCO, Divaldo Pereira; ÂNGELIS, Joanna de [Espírito]. **Rumos libertadores**. 1. ed. Salvador: LEAL, 1978, capítulo 47 – Equipe de trabalho.

3. XAVIER, Francisco cândido et al. **Estude e viva**. 1. ed. Rio de Janeiro: FEB, 1965, capítulo "O espírita na equipe".

Sobre ovelhas e lobos: alguns desafios do Movimento Espírita

lhe são próprios, define bem o papel do espírita numa equipe de trabalho:

> Numerosos companheiros estarão convencidos de que integrar uma equipe de ação espírita se resume em presenciar os atos rotineiros da instituição a que se vinculam e resgatar singelas obrigações de feição econômica. Mas não é assim. O espírita, no conjunto de realizações espíritas, é uma engrenagem inteligente com o dever de funcionar em sintonia com os elevados objetivos da máquina. (XAVIER et al., 1965, apud CHRISPINO, 2014, p. 83).

Na mesma linha de raciocínio, o Espírito Guillon Ribeiro[4] chama a atenção para pontos importantes na dinâmica da atividade em grupo ao escrever que:

> [...] Busca, desta forma, despertar na consciência de teus companheiros de fé o senso do cooperativismo e da participação, evitando as lideranças autocráticas que não refletem, de modo algum, os princípios renovadores da Terceira Revelação.
>
> Já vão distantes os gloriosos misteres de nossos antepassados, imolando-se, sozinhos, pela implantação do ideal, quais moirões de excelente decisão e férrea vontade, embasando os serviços da crença. Nosso lema, na atualidade, é congregar, reunir, para melhor servir a Jesus.

---

4. RIBEIRO, Júlio Cezar G.; RIBEIRO, Guillon [Espírito]. *Formação de equipe.* In: **Reformador**, ano 94, n. 1.772, novembro de 1976, p. 30. A mensagem foi psicografada em reunião pública da Casa Espírita Cristã, em Vitória – ES, no dia 5 de julho de 1970.

Enseja realização para teus companheiros de fé. A hora do despertamento vem soando para muitos corações nas lutas terrenas a demandarem os núcleos espiritistas como células vivas do trabalho cristão.

Permitir a cristalização da Causa em rotinas de experiências pretéritas é impedir a marcha do progresso que o Espiritismo enfaticamente proclama com seu lastreado bom senso (RIBEIRO; RIBEIRO, 1976, p. 30).

Para sintetizar as reflexões dos amigos espirituais sobre esse desafio tão importante, oferecemos a palavra final a cada um dos benfeitores que compuseram este item. Guillon Ribeiro escreve: "Esforça-te, Amigo, por penetrar nos valores do conhecimento espírita" (1976, p. 30). Emmanuel leciona que:

> [...] Todos nós, encarnados e desencarnados, comparecemos no templo espírita no intuito de receber o concurso dos Mensageiros do Senhor; no entanto, os Mensageiros do Senhor esperam igualmente por nosso concurso, no amparo a outros, e a nossa cooperação com eles será sempre, acima de tudo, trabalhar e servir, auxiliar e compreender. (XAVIER et al., 1965, apud CHRISPINO, 2014, p. 84).

Joanna de Ângelis sintetiza:

> Aclimatados à atmosfera do Evangelho, respiremos o ideal da crença...
>
> ... E unidos uns aos outros, entre encarnados e com os desencarnados, sigamos. Jesus espera: avancemos! (FRANCO; ÂNGELIS, 2016, p. 139).

E, para concluir o tema, resgatamos as palavras de Guillon Ribeiro,[5] que nos alerta – pela mediunidade de Júlio Cezar Grandi Ribeiro, conhecido como Julinho, em mensagem intitulada *E depois?!...* – sobre como ficará a obra a que nos dedicamos se não nos ocuparmos de formar equipes de trabalhadores que possam assumir responsavelmente as funções no futuro. Adverte-nos o antigo companheiro encarnado:

> Em diversas oportunidades, temo-nos referido ao esforço solidário dos componentes da Instituição Espírita, como prerrogativa do êxito e crescimento das realizações.
>
> De fato, quando predomina o espírito de equipe, estruturado, fundamentalmente, na fraternidade e na compreensão, a união de todos presidirá o trabalho progressivo e enobrecedor.
>
> O Grupo, então, caminhará em suas destinações, indene de embaraços e desencontros, personalismo e melindres.
>
> Enfatizamos, desta forma, o funcionamento do Centro Espírita com base na formação de grupos de tarefeiros que se especializem, com tempo e perseverança, nas diversas atividades inerentes aos objetivos precípuos da comunidade religiosa.
>
> [...] Seja o médium com apostolado no Bem, seja o administrador com fidelidade ao ideal, seja o pregador com exuberância de luz na palavra, seja o líder do serviço social com ampla folha de serviços, jamais o Grupo espírita deve caminhar sob o comando de um único servidor, ainda que

---

5. RIBEIRO, Júlio Cezar G.; RIBEIRO, Guillon [Espírito]. *E depois?!...* In: RIBEIRO, Júlio Cezar G.; SILVA, Maria de Lourdes C. **Jornada de amor**. 1. ed. Vila Velha: Casa Espírita Cristã, 1982.

excelente distribuidor de tarefas com os diversos aprendizes do Evangelho, conservados tíbios e inseguros ante o excesso de diretividade.

[...] Muitos dirigentes e diretores de Centros Espíritas têm amargado remorso e arrependimento no retorno ao mundo das realidades essenciais, contemplando, a distância, seus continuadores na Causa desertando, ante os encargos que lhes ficaram, por incapacidade de servir ou por inexperiência na adoção de compromissos maiores junto ao movimento renovador.

[...] Tarefeiros do Bem não se improvisam de hora para outra. Surgem ao longo da experiência e participação, sob apoio efetivo e estimulador da equipe enobrecida no trabalho fiel.

Defender o patrimônio espírita é ação que principia na fraternidade universal para ampliar-se no reconhecimento de que o dono legítimo da obra é Nosso Senhor Jesus Cristo.

[...] Sem plasmar trabalhadores e substitutos, para a obra erigida agora, que sucederá com ela depois? (RIBEIRO; RIBEIRO, 1982, p. 87-92).

9º Desafio:

Retornar ao Mundo espiritual como quem cumpriu suas responsabilidades

É certo que todos que estamos envolvidos nas tarefas do Movimento Espírita entregamos nosso tempo e energia àquilo que acreditamos ser o mais adequado ao trabalho. Cada um realiza como pode o que acredita ser o melhor. A questão é o quanto conseguimos agora fazer as coisas sob a ótica do Cristo na visão espírita, sem sermos traídos pelas tendências e pela história espiritual individual que tendem a se reproduzir hoje.

Para entendermos um pouco melhor essa relação de causalidade, podemos buscar as mensagens que informam como os Espíritos-espíritas veem os companheiros-espíritas em serviço. Esse também é um tema de muita atenção dos Espíritos nas mensagens que nos dirigem.

O Espírito Cícero Pereira,[1] em mensagem psicofônica por Chico Xavier em 1954, informa que os espíritas recém-desencarnados podem ser convidados a colaborar com os

---

1. PEREIRA, Cícero [Espírito]. *Palavras de um batalhador.* In: XAVIER, Francisco Cândido [por diversos Espíritos]. **Instruções psicofônicas**. 1. ed. Rio de Janeiro: FEB, 1955

Alvaro Chrispino

que ficaram no corpo por terem vivido recentemente tal experiência. Após apresentar inúmeros paradoxos entre o que sabemos, as oportunidades de aprendizado que temos e o que efetivamente fazemos, oferta-nos, a nosso ver, um dos trechos mais graves para os espíritas:

> Meus caros, a surpresa dos espíritas, depois do túmulo, chega a ser incomensurável, porque frequentemente **mobilizamos os valores de nossa fé com a pretensão de quem se julga escolhido à frente do Senhor.**
>
> Aguardamos, para além da morte, uma felicidade que nem de longe, no mundo, cogitamos de construir.
>
> Somos aprendizes novos do Evangelho.
>
> Isso é verdade.
>
> Mas estamos sempre interessados em conduzir ao Cristo os nossos problemas, completamente despreocupados quanto aos problemas do Cristo, a nosso respeito.
>
> Buscamos nossa própria imagem no espelho da Graça divina. **Somos velhos Narcisos encarcerados na própria ilusão.**
>
> E admitimos que não há dores maiores que as nossas e que as nossas necessidades superam as necessidades dos outros.
>
> Por esse motivo, o tempo estreito de permanência no corpo carnal apenas nos favorece, na maioria das vezes, **mais densa petrificação de egoísmo**, na concha de nossa antiga vaidade.
>
> Somos leitores de livros admiráveis.
>
> Comovemo-nos e choramos, ante os valores iluminativos com que somos agraciados, entre-

tanto, depois do contacto com o pensamento sublime de nossos orientadores, eis-nos arrojados ao esquecimento de todos os dias, como se padecêssemos irremediável amnésia, diante de tudo o que se refira às nossas obrigações para com Jesus.

[...] **Dos conflitos inadequados em nossos templos de fé, somente recolhemos frutos amargos, e das mensagens pontilhadas de aflição, que guardam o objetivo de reabilitar-nos para o Senhor, apenas retiramos impressões negativas, de vez que nos movimentamos no círculo de nossas responsabilidades, crendo--nos na condição de cooperadores vitoriosos, quando, no fundo, perante os Benfeitores da Espiritualidade superior, somos simplesmente companheiros em perigo, com imensas dificuldades para satisfazer ao próprio reajuste.** (XAVIER; PEREIRA, 1955, apud CHRISPINO, 2014, p. 36-37, grifos nossos).

Chama a nossa atenção para a necessidade premente de cuidarmos do próprio reajuste. Se é certo que o trabalho em prol do próximo é uma máxima do Evangelho, esse objetivo só será alcançado plenamente quando for realizado em plenitude, e para isso amar-se é indispensável, como nos disse Jesus: "Amarás a teu próximo como a ti mesmo" (Mateus 22:39). Logo, se não resolvemos essas questões por meio da autoiluminação, do autoconhecimento e do autoamor, pode ser que o tempo e energia gastos no trabalho ao próximo, por mais válido que seja, não estejam trazendo a nós todos os benefícios possíveis. O trabalho de próprio reajuste é serviço de urgência.

Alvaro Chrispino

Para colaborar com este quadro que pede nossa atenção, o companheiro Carlos Goiano,[2] na mensagem[3] que nos deixa pela psicofonia de Chico Xavier, em 1956:

> Alguém já disse que os espíritas desencarnados, quando aparecem à barra das comunicações mediúnicas, permanecem carregados de complexos de culpa, e tinha razão.
>
> Quase todos nós, atravessado o pórtico do sepulcro, retornando aos nossos templos de serviço e de fé, somos portadores de preocupação e remorso...
>
> Raros de nós conseguimos sustentar tranquilidade no semblante moral.
>
> E, habitualmente, em nos fazendo sentir, denunciamos a posição de infelizes, entre a queixa e o desencanto, relacionando as surpresas que nos dilaceram a alma, o encontro de dores imprevistas, a identificação de problemas inesperados...
>
> Topamos lutas com as quais não contávamos e derramamos lágrimas de aflição e arrependimento tardio...
>
> Entretanto, isso acontece para demonstrar que, em nosso ideal redentor, esposamos a fé ao modo daqueles que se adaptam por fora a certas convicções intelectuais, guardando anquilosados por dentro velhos erros difíceis de remover.

Somos, pois, portadores de culpa, preocupação e remorso porque, como sintetiza o Espírito, vivemos a fé da mesma maneira que aqueles "que se adaptam por fora a certas convicções intelectuais, guardando anquilosados por den-

---

2. Trabalhador espírita daquele período em São João del-Rei, em Minas Gerais.
3. GOIANO, Carlos [Espírito]. *Ouçamos*. In: XAVIER, Francisco Cândido [por diversos Espíritos]. **Vozes do grande além**. 1. ed. Rio de Janeiro: FEB, 1956.

Sobre ovelhas e lobos: alguns desafios do Movimento Espírita

tro velhos erros difíceis de remover" (Xavier; Goiano, 1956, apud Chrispino, 2014, p. 62), quando a proposta basilar da Doutrina espírita é a da autotransformação. É preocupante o alerta feito pelo Espírito Carlos Goiano. Além dessas mensagens recebidas por Chico Xavier na década de 1950, temos obras mais recentes que retomam a questão de como se encontram os espíritas quando de retorno ao Mundo espiritual. Há recentes contribuições do Espírito Manoel Philomeno de Miranda em *Sexo e obsessão* (2002), e talvez a mais completa e impactante seja *Tormentos da obsessão* (2001), que conta a história da criação do Hospital Esperança, na década de 1930/40, pelo Espírito Eurípedes Brasanulfo.[4]

Manoel Philomeno de Miranda (2002) retomará este tema da culpa quando escreve sobre os companheiros que se comportam de forma inadequada diante do conhecimento da imortalidade e da justiça da reencarnação:

> [...] É como se ignorassem que irão despertar com o patrimônio acumulado e as conquistas realizadas, não se podendo furtar à presença da consciência que, então desperta, apresentará os fatos de maneira vigorosa, exigindo reparação, nesse momento impossível, abrindo espaço para a *consciência de culpa,* suplicando retorno à Terra imediatamente, o que já não será tão fácil

---

4. Eurípedes Barsanulfo (01/05/1880 – 01/11/1918) viveu em Sacramento, Minas Gerais, e foi educador e médium de largas possibilidades. Em suas encarnações, foi Rufus, o escravo no romance *Ave Cristo!*, ditado pelo Espírito Emmanuel; foi Johann Kaspar Lavater, 1741-1808, teólogo protestante suíço, citado por Léon Denis como um precursor do Espiritismo, e foi Fradique Alves de Toledo, filho do Duque de Alba, Espanha, no século XVI. Era inspirado pelo Espírito (Santo) Agostinho de Hipona.

de conseguir... Invariavelmente oro por esses amigos e confrades, tentando, não poucas vezes, despertá-los para a realidade que o Espiritismo lhes apresenta e convidando-os à renovação íntima, à humildade, à caridade, à misericórdia em relação ao seu próximo. A desencarnação desses irmãos é sempre dolorosa, porque, em muitas ocasióes, dão-se conta da ocorrência e gostariam de mudar, não havendo mais tempo para consegui-lo. (FRANCO; MIRANDA, 2002, p. 316).

Em *Tormentos da obsessão* (2001), o benfeitor espiritual informa que o Hospital Esperança tem a função de ser uma "escola viva" a preparar Espíritos para futuras encarnações ligadas a atividades espíritas, e recolher e tratar espíritas desencarnados que faliram na realização das tarefas a que haviam se comprometido e para as quais foram devidamente preparados antes da encarnação (Franco; Miranda, 2001, p. 32). Sobre aqueles que estavam abrigados na instituição de socorro especializado, ele escreve:

> **Médiuns levianos**, que desrespeitaram o mandato de que se fizeram portadores; **divulgadores descompromissados** com a responsabilidade do esclarecimento espiritual; **servidores** que malograram na execução de graves tarefas da beneficência; **escritores** equipados de instrumentos culturais que deveriam plasmar imagens dignificadoras e que descambaram para as discussões estéreis e as agressões injustificadas; **corações** que se responsabilizaram pela edificação da honra em si mesmos, abraçando a fé renovadora, e delinquiram; **mercenários da caridade** bela e pura; **agentes da simonia** no Cristianismo restaurado ali se encontravam recolhidos, muitos deles após haverem naufragado na experiência carnal, por

não terem suportado as pressões de Espíritos vingadores, inclementes perseguidores aos quais deveriam conquistar, ao invés de se lhes tornarem vítimas, extraviando-se da estrada do reto dever sob a injunção perversa...

[...] Vezes outras, **candidatos à reencarnação com tarefas definidas na mediunidade** estagiavam nos seus pavilhões, observando companheiros que se iludiram e foram vencidos, ou escutando-os durante suas catarses significativas ao despertar da consciência, dando-se conta do prejuízo que causaram a si mesmos, assim como aos outros, que arrastaram na sua vertiginosa alucinação. (FRANCO; MIRANDA, 2001, p. 22, grifos nossos).

Mais uma vez, repetindo o que se lê em *Os mensageiros*, ditado por André Luiz, os motivos para a falência da encarnação planejada não foi o desconhecimento doutrinário ou a falta de oportunidade de acessar conhecimentos espíritas adequados, mas sim questões que estão instaladas no campo das emoções.

Podemos lembrar-nos de Almério, médium psicofônico atormentado pelas questões na área da sexualidade (p. 74 e seguintes); Leôncio, preparado para a tarefa de exposição doutrinária, deixou-se enredar – novamente – pela busca da fama e pelos duelos da palavra, além do adultério (p. 101 e seguintes); Ambrósio, preparado para o desempenho da mediunidade ostensiva, não superou "os vícios derivados do egoísmo e da presunção" (p. 150); Evaldo, preparado por longo tempo para desempenhar tarefas no campo político e religioso, deixando-se levar pelo poder e pelos desvios de verbas públicas que deviam ser dirigidas a necessitados de vária ordem, entre tantos outros exemplos.

Alvaro Chrispino

Manoel Philomeno de Miranda (2001) fortalece nossa tese sobre a necessidade de termos que reduzir a *dissonância cognitiva* pela mudança das ações ou pelo mascaramento do conhecimento ao escrever que:

> Sucede, no entanto, que o conhecimento apenas não basta para oferecer resistência a pessoa alguma ante as inclinações para o mal e para a desordem interior. Após consegui-lo, faz-se imprescindível vivenciá-lo, passo a passo, momento a momento, mantendo vigilância e coerência na conduta, a fim de não se comprometer negativamente, desviando-se do caminho da retidão. (FRANCO; MIRANDA, 2001, p. 132).

Ao final da obra, Manoel Philomeno de Miranda dá voz ao Espírito Eurípedes Barsanulfo, em pronunciamento aos grupos de trabalho:

> Como consequência dessa atitude enferma [que descrevemos anteriormente] **estão desencarnando muito mal** incontáveis trabalhadores das lides espíritas que, ao inverso, deveriam estar em condições felizes. O retorno de expressivo número deles ao Grande Lar tem sido doloroso e angustiante, conforme constatamos nas experiências vivenciadas em nossa Esfera de atividade fraternal e caridosa... **O silêncio em torno da questão já não é mais possível.** Por essa razão, anuímos que sejam trombeteadas as informações em torno da desencarnação atormentada de muitos servidores da Era Nova em direção aos demais combatentes que se encontram no mundo, para que se deem conta de que desencarnar é desvestir-se da carne, libertar-se dela e das suas vinculações, porém, é realidade totalmente diversa e de mais difícil

realização. (FRANCO; MIRANDA, 2001, p. 319-320, grifos nossos).

Novamente o tema tratado antes: o que fazemos do que nos foi entregue? Como, no reencontro com o Evangelho, vamos lidar com o que somos e como tratamos com o outro? Não há mais espaço nem tempo para cometermos os mesmos erros já experimentados ao longo dos milênios de Cristianismo individualizado por interpretações pessoais e casuísticas.

O Espírito Carlos Goiano conclui orientando:

> As palavras do Cristo não são dúbias.
>
> Constituem enunciado positivo.
>
> "Batei e abrir-se-vos-á."
>
> **Esses verbos, porém, tanto se reportam às portas do Céu como se referem às portas do inferno...**
>
> "Ouça quem tiver ouvidos de ouvir!" (Xavier; Goiano, 1956, apud Chrispino, 2014, p. 63).

Já o Espírito Cícero Pereira sintetiza algumas soluções ao escrever que:

> Porque é preciso **equilibrar nossos passos**, a fim de orientar com segurança os passos alheios, disciplinar-nos dentro das responsabilidades que abraçamos para não ameaçar o trabalho daqueles que nos cercam.
>
> **Ouvir mais.**
>
> **Fazer mais.**
>
> **E falar menos.**
>
> Difícil é suportar na cabeça o título de servidor da Boa-nova, que, entre os homens, **pode ser**

uma palma florida, mas que se converte aqui em coroa de fogo, tal a preocupação com que nos cabe aprender a auxiliar e a renunciar para que o carro de nossos princípios avance sobre os trilhos da ordem. Registrando-nos a experiência, esperamos que vocês venham mais tarde para cá movimentando melhores recursos. (XAVIER; PEREIRA, 1955, apud CHRISPINO, 2014, p. 36-37, grifos nossos)

É sempre bom lembrar que nesta grande jornada de aprendizado e crescimento, no exercício das próprias escolhas e suas consequências, nunca estamos sós. Lembra-nos Emmanuel, pela psicografia de Chico Xavier, que: "Cada homem tem o mapa da ordem divina em sua existência, a ser executado com a colaboração do livre-arbítrio, no grande plano da vida eterna" (Xavier, 2005).[5]

---

5. XAVIER, Francisco Cândido; EMMANUEL [Espírito]. **Vinha de luz.** 28. ed. Brasília: FEB, 2015 [1952], capítulo 94.

10º Desafio:

Conhecer as fragilidade que estão em nós

> *[...] Pois a nossa luta não é contra pessoas, mas contra os poderes e autoridades, contra os dominadores deste mundo de trevas, contra as forças espirituais do mal nas regiões celestiais.*
>
> Efésios, 6:12

Na *Introdução* desta obra, cuidamos para descrever o impacto causado pela obra *Perturbações espirituais* no Movimento Espírita, visto que ela retira os véus da mecânica de ataques de organizações trevosas a instituições espíritas sérias, desnudando as técnicas e as fragilidades humanas que permitem a instalação dos processos obsessivos.

Passados os diversos desafios e enumeradas as questões históricas, culturais, morais e comportamentais, entre outras que interferem na maneira de ser do homem religioso no mundo, podemos nos atrever a uma categorização de base eminentemente didática, mas necessária neste ponto do trabalho.

Nas obras de que nos utilizamos para enriquecer nossa narrativa, *Os mensageiros*, *Voltei*, e *Transtornos psiquiátricos e obsessivos*, no 2º Desafio, e mais *Tormentos da obsessão*, no 9º Desafio, parece-nos que o móvel dos fatos e ênfase da

Alvaro Chrispino

narrativa espiritual giravam em torno das questões pela ótica individual que, logicamente, possuíam algum impacto no grupo familiar, social ou espírita em que os personagens estavam inseridos. Em *Perturbações espirituais* isso não nos parece o ponto principal. Sempre terá como base as fragilidades que cada indivíduo porta ou permite existir em si mesmo, externando isso nas decisões, nos atos, nas emoções e nos pensamentos, o que se transforma em vibrações característica, provocando a inevitável Lei de Afinidade ou Sintonia espiritual. Para nós, a ênfase desta obra está no ataque às instituições espíritas, que é o nosso território de ocupação e pesquisa. Logo, se antes éramos responsáveis pelas nossas falências e responderíamos pelos feitos, os não feitos e os malfeitos à consciência individualmente, agora fica claro que poderemos vir a responder, a partir das mesmas fragilidades pessoais, a consequências causadas à coletividade e à rede de trabalhos espirituais previamente assumidos, materializados por intermédio das instituições espíritas que nos acolhem como trabalhadores da última hora. Os danos agora atingem projetos coletivos maiores do que cada um de nós.

No seu Capítulo 1 – Intercessão providencial, Manoel Philomeno de Miranda descreve a exposição realizada por venerável Entidade espiritual cuja aura irradiava tons diamantinos, demonstrando seu estágio espiritual, apresentada como:

> [...] servidora cristã, desde há muitos séculos, mas que durante a existência do *Santo de Assis* sacrificara-se na Ordem das clarissas, a fim de manter a pulcritude dos seus ensinamentos, preservando os votos de caridade, de pobreza, de

humildade, de entrega total a Jesus e de virgindade... (FRANCO; MIRANDA, 2015, p. 13).

A Entidade, ao longo da exposição, apresenta o quadro geral dos ataques espirituais infelizes aos trabalhadores espíritas, iniciando com a afirmativa:

> Utilizando-se da **debilidade moral de muitos conversos que não amadureceram psicologicamente nos estudos sérios do Espiritismo**, deles se utilizam como insatisfeitos e agressivos, perturbadores das hostes doutrinárias, de modo a criarem situações embaraçosas, de difícil solução pelos arrastamentos de outros invigilantes que a ação maléfica proporciona. (FRANCO; MIRANDA, 2015, p. 14, grifos nossos).

Pelo que tratamos até agora no conjunto dos desafios, parece-nos esperável a advertência sobre a existência da debilidade moral dos conversos, pois daí surgem as questões de confronto, de personalismo, de poder, de egoísmo etc. Mas chama a nossa atenção a conclusão da frase: "[...] **que não amadureceram psicologicamente nos estudos sérios do Espiritismo**", dando a entender que os grupos de estudos espíritas podem estar atuando exclusivamente ou mais fortemente na instrução das mentes, não alcançando, por incapacidade ou por desconhecimento da necessidade, o importante estágio que segue a instrução: a reflexão que leva ao autoconhecimento, favorecendo a construção de um projeto de autotransformação. O estudo espírita não se circunscreve a informações pontuais sobre fatos espíritas, ele é um provocador sistemático de reflexões sobre o impacto das informações espíritas sobre a maneira do homem ser e atuar na vida.

Alvaro Chrispino

Dando continuidade, a entidade veneranda faz grave denúncia:

> Infelizmente, ainda é da natureza humana o vício de **adaptar o conhecimento libertador à estreiteza da sua compreensão, de submeter a lição sublime aos impositivos das paixões e dependências, hábitos doentios e conformismos, geradores do alucinado e equivocado prazer.** (FRANCO; MIRANDA, 2015, p. 16, grifos nossos).

Isso fortalece as teses apresentadas sobre as adaptabilidades que os homens realizam das ideias religiosas aos seus interesses, teses que são também percebidas pelos Espíritos superiores como algo disseminado no Movimento Espírita.

Ela prossegue enumerando as matrizes dos processos obsessivos, que sintetizamos a seguir tentando ser fiéis às palavras e expressões: a **intriga** e a **infâmia** usadas para denegrir os companheiros e colocá-los uns contra os outros; a pregação da tolerância sem seu exercício verdadeiro, mantendo **ressentimentos injustificáveis**, filhos do **orgulho** e da **presunção doentia**; **melindres** no trato com os companheiros, especialmente frente a qualquer palavra justificada de admoestação; atormentados por **paixões vis**, transformam as casas espíritas em "**clubes de futilidades**, de **divertimentos**, de **comentários desairosos**, de convívio para o **prazer** e de **lancharias comuns**"; substituem a linguagem séria por **anedotários chulos** e de **duplo sentido**; **desrespeito** com os mais humildes; se deixam levar por **relacionamentos de ocasião** nas casas espíritas, que terminam em **rupturas** e **com mágoas** e **afastamentos das atividades** a que se vincularam antes do berço; a **soberba** e o **falso**

Sobre ovelhas e lobos: alguns desafios do Movimento Espírita

intelectualismo orientam **novas interpretações** às ideias da Codificação Espírita; dominados pela **vaidade**, deixam-se dominar por Entidades intelectualizadas e de baixo padrão moral; fascinam-se com a Doutrina e se decepcionam com a conduta daqueles que dizem seguir; **disputam cargos administrativos** a fim de imporem suas maneiras especiais de governança das consciências; atormentam-se na procura de oportunidade para a **exibição pessoal**; muitos se autodenominam **inspirados pelo próprio Senhor**; outros se apresentam como **reencarnantes famosos** cujas vidas foram marcadas pela abnegação, como se pudesse haver retrocesso no programa da evolução; transformam a tribuna espírita em **pódio para disputas de exaltação do personalismo na busca pelos aplausos**, entre outras observações pontuais (Franco; Miranda, 2015, p. 14-18, grifos nossos).

Ao final de sua exposição, em que indica explicitamente as fragilidades, diz a benfeitora que "o Mestre não deixa aqueles que O amam ao abandono ou ao esquecimento" (p. 21). Sendo assim, "como efeito, **soa o clarim anunciador de perigo e movimentam-se legiões de obreiros desencarnados, concitando-nos à campanha de defesa que se faz de emergência**" (p. 20, grifos nossos). E temos como síntese que:

> Vozes espirituais em momentosos intercâmbios mediúnicos, vêm conclamando os trabalhadores do Bem à **vigilância e à oração**, em exórdios e discursos comovedores. Mensagens de **admoestação carinhosa** são transmitidas nas células espíritas enobrecidas pela caridade, enquanto servidores sinceros, fiéis, constatam as ocorrências infelizes na psicosfera pesada que se abate sobre todos. (FRANCO; MIRANDA, 2015, p. 20, grifos nossos).

As entranhas da personalidade em construção estão expostas à análise dos que tenham olhos de ver. A lista de fragilidades é variada, mas podem ser agrupadas em categorias mais amplas, reduzindo assim o número e facilitando nosso entendimento e reflexão. Para fazer a identificação das matrizes mais básicas das questões humanas, vamos buscar auxílio em três autores e obras: Manoel Philomeno de Miranda, em *Trilhas da libertação*, de 1996, Irmão X, em *Contos desta e doutra vida*, de 1964, e Ignotus, em *Sementeira da fraternidade*, original de 1972.

O Espírito Manoel Philomeno de Miranda, em sua obra *Trilhas da libertação*, explicita, entre outros temas, a escolha realizada por vários grupos organizados das trevas do chamado *Soberano Senhor das Trevas*, que deveria coordenar as ações de ataques a alvos específicos como, no caso da obra, o médium Davi. Escolhido o *Soberano Senhor das Trevas*, ele é chamado a opinar sobre as estratégias a serem utilizadas contra os trabalhadores espíritas e propõe **as quatro legítimas verdades: sexo, narcisismo, poder e dinheiro**, num contraponto de ironia infeliz com *as quatro nobres verdades* do Budismo. Narra o amigo espiritual:

> Em reunião privada com os chefes de grupos, explicitou o programa que elaborara para ser aplicado em todas as suas diretrizes e com pormenorizado zelo.
>
> *Primeiro:* o homem – redefiniu o novo *Soberano das Trevas* – é **um animal sexual** que se compraz no prazer. Deve ser estimulado ao máximo, até a exaustão, aproveitando-se-lhe as tendências, e, quando acorrer cansaço, levá-lo aos abusos, às aberrações. Direcionar esse projeto aos que lutam pelo equilíbrio das forças genésicas é o empenho

dos perturbadores, propondo encontros, reencontros e facilidades com pessoas dependentes dos seus comandos que se acercarão das futuras vítimas, enleando-as nos seus jogos e envolvimentos enganosos. **Atraído o *animal* que existe na criatura, a sua dominação será questão de pouco tempo.** Se advier o **despertamento tardio**, as consequências do compromisso já serão inevitáveis, gerando decepções e problemas, sobretudo causando profundas lesões na alma. O *plasma* do sexo impregna os seus usuários de tal forma que ocasiona rude vinculação, somente interrompida com dolorosos lances passionais de complexa e difícil correção.

Segundo: o **narcisismo** é filho predileto do egoísmo e *pai* do orgulho, da vaidade, inerentes ao ser humano. **Fomentar o campeonato da presunção nas modernas escolas do Espiritualismo, ensejando a fascinação, é item de alta relevância para a queda desastrosa de quem deseja a preservação do ideal de crescimento e de libertação.** O orgulho entorpece os sentimentos e intoxica o indivíduo, cegando-o e enlouquecendo-o. Exige corte, e suas correntes de ambição impõem tributários de sustentação. Pavoneando-se, exibindo-se, o indivíduo desestrutura-se e morre nos objetivos maiores, para cuidar apenas do exterior, do faustoso – a mentira de que se insufla.

Terceiro: o **poder** tem prevalência em a natureza humana. Remanescente dos *instintos agressivos*, dominadores e arbitrários, ele se expressa de várias formas, sem disfarce ou escamoteado, explorando aqueles que se lhe submetem e desprezando-os ao mesmo tempo, pela subserviência de que se fazem objeto, e aos competidores e indomáveis detestando, por projetar-lhe sombra. **O poder é alçapão que não poupa quem quer que lhe caia na trampa**. Ademais, a morte advém, e a fragilidade diante de *outras forças* aniquila o iludido. *Quarto*: o **dinheiro**, que compra vidas e escraviza almas, será outro excelente recurso decisivo. **A ambição da riqueza, mesmo mascarada, supera a falsa humildade, e o conforto amolenta o caráter, desestimulando os sacrifícios**. Sabe-se que o Cristianismo começou a morrer, quando o martirológio foi substituído pelo destaque social, e o dinheiro comprou coisas, pessoas e *reino dos céus*, aliciando mercenários para manter a hegemonia da fé...

Quem poderá resistir a essas *quatro legítimas verdades?* – interrogou. – Certamente, aquele que vencer uma ou mais de uma, tombará noutra ou em várias ao mesmo tempo.

[...] Aprofundando reflexões, o amigo concluiu:

– **Precatem-se, os servidores do bem, das ciladas ultrizes** *do mal que tem raízes no coração*, **e estejam advertidos**. (FRANCO, MIRANDA, 1996, 105-107, grifos nossos).

Parece-nos que a longa lista de fragilidades humanas apontadas pela benfeitora ao descrever os pontos de ataques das organizações trevosas pode ser reduzida às quatro legítimas verdades expostas como estratégia pelo *Soberano Senhor das Trevas*. Nenhuma delas nos é estranha! Sobre elas estudamos e expomos recorrentemente.

Já Irmão X, pela psicografia de Chico Xavier,[6] em 1964, descreve uma reunião de especialistas das trevas que

---

6. XAVIER, Francisco Cândido; IRMÃO X [Espírito]. **Contos desta e doutra vida**. 1. ed. Rio de Janeiro: FEB, 1964, capítulo 38 – Decisão das trevas.

buscavam alternativas eficazes para ataques ao Espiritismo e à difusão de novos conhecimentos que promove. Após muitas discussões e propostas frágeis, um vampirizador experiente apresenta seu plano de ação baseado na lisonja e na falsa autoimagem:

> [...] Mobilizaremos legiões de amigos nossos que lhes assoprem lisonja ao coração, ocupando a mediunidade, seja na palavra falada ou escrita, para a sustentação de elogios mútuos. Faremos com se suponham heróis e reis, místicos e fidalgos reencarnados com títulos honoríficos, garantidos nos mundos superiores, como os beatos do tempo antigos e julgavam donos de poltronas cativas no reino dos Céus. Depois dessa primeira fase, estarão dispostos a serem bonzinhos, a viverem na santa paz com todos. Não mais abraçarão problemas; considerarão a análise desnecessária; não estimarão perder a companhia dos desencarnados ou encarnados que os bajulem; ao invés, de canseira, a serviço dos outros, mergulharão a existência em meditações no colchão de molas, esperando que os anjos lhes emprestem asas para a ascensão aos Espaços Felizes; usarão o silêncio para que a verdade não os incomode e aproveitarão a palavra, quando se trate de dourar a mentira que os favoreça.
>
> Cada qual, assim, passará a viver entronizado na pequenina corte dos adoradores que lhes mantenham as ilusões. Colocarão considerações terrestres muito acima dos patrimônios espirituais, para não ferirem a claque dos amigos que os incensem; abominarão desgostos e aborrecimentos; nada quererão com discernimento e raciocínio; dirão que o mal será apagado pela bondade de

Deus e não se lembrarão de que Deus espera por eles para que o bem triunfe do mal, estirando-se em meditações inoperantes acerca dos milênios vindouros; fugirão do mundo para não perderem a veste imaculada; detestarão qualquer empreendimento que vise a movimentar as ideias espíritas nas praças do mundo, a fim de não sofrerem incompreensões e desgaste...

Em suma, há religiões que possuem santos de pedra ou gesso, mas nós, com a hipnose na base da ação, acabaremos improvisando neles santos de carne e osso por fora, conquanto prossigam na condição de homens e mulheres por dentro... (XAVIER; IRMÃO X, 1964).

Se já não bastasse, podemos ainda recorrer a uma mensagem intitulada *Teste tríplice*,[7] ditada pelo Espírito Ignotus, que elenca vaidade, dinheiro e sexo como alvos das trevas organizadas. Escreve ele:

Era um conciliábulo contra os lidadores da verdade. Estabeleciam-se as diretrizes do ataque aos corações afeiçoados à lavoura do bem. Cogitava-se maciça agressão às frágeis criaturas que, fascinadas pela verdade, estavam rompendo as ligações com o passado culposo, ansiando pela liberdade da paz.

Debatidos os antigos métodos de ação eficaz utilizados em outros tentames, verdugo experiente das regiões tenebrosas alvitrou:

– Esses cristãos ora em atuação na Terra são homens e mulheres comuns?

---

7. IGNOTUS [Espírito]. *Teste tríplice*. In: FRANCO, Divaldo Pereira [por diversos Espíritos]. **Sementeira da fraternidade**. 1. ed. Salvador: USEB, 1972.

Responderam os demais circunstantes afirmativamente.

– Então não há problemas – arrematou. – Não conheço quem seja capaz de resistir ao teste tríplice: vaidade, dinheiro e sexo.

Houve uma pausa de expectação.

Dando ênfase definitiva e finalista, arengou:

– Incensar-lhes-emos a vaidade, acenando-lhes qualidades que não possuem, e o orgulho se encarregará deles, fazendo grassem a dissensão e o despeito, a arrogância e a maledicência. Não há homem ou mulher que aguente. Mas se tal método não obtiver o resultado desejado, estimularemos a ganância do dinheiro. Falaremos por inspiração quanto à necessidade de ganhar mais, acautelar-se em relação ao futuro, comparar-se a outros, transferir tarefas, conseguindo um emprego ou trabalho novo adicional, para desviá-los da ação espiritual a que se afervoram... E se falhar, teremos o sexo, agora na moda. Sugerir-lhes-emos sobre as vantagens da renovação sexual, atualização dos padrões morais, inutilidade dos sacrifícios espirituais e as imensas concessões da vida moderna, no amor livre... Quem suportará? (FRANCO; IGNOTUS, 1972, p. 66-67).

A tríade dinheiro, poder e conquistas sexuais não é nova entre nós. *O idiota*, romance escrito pelo escritor russo Fiódor Dostoiévski, em 1869, já teria, à época, popularizado a tríade nos conflitos do personagem príncipe Míchkin, essencialmente humanista, bom e sincero, que se confrontava com o desregramento geral da sociedade da época.

Por outro lado, os temas são sobejamente conhecidos dos espíritas, visto que são temas centrais de diversas obras sérias psicografadas disponibilizadas para leitura e estudo. O tema sexo é tratado de forma ampla desde *Sexo e destino*, ditado pelo Espírito André Luiz (1963), até *Sexo e obsessão*, ditado por Manoel Philomeno de Miranda (2002). No que concerne a poder e dinheiro, a literatura também é vasta, desde a trilogia psicografada por Yvonne do Amaral Pereira – *Nas voragens do pecado* (1960), *O drama da Bretanha* (1973) e *O cavaleiro de Numiers* (1973) – até as inúmeras obras ditadas pelo Espírito Victor Hugo, como *Os diamantes fatídicos* (2005). A questão é se essas obras estão sendo lidas ou estudadas, se estão produzindo reflexão a respeito das grandes questões que tocam os corações e mentes encarnadas.

Importa lembrar que informações desse tipo e porte também eram difundidas pela mediunidade de Yvonne do Amaral Pereira tanto em seus livros de narrativas pessoais quanto naqueles recebidos mediunicamente. Entre estes, tem especial importância o *Dramas da obsessão*,[8] de 1963, no qual o Espírito Bezerra de Menezes alerta para o cuidado que se deve ter com as práticas e as escolhas *das* e *nas* atividades dos centros espíritas, a fim de que estes estejam em condição de acolher a influência espiritual superior. De forma mais clara, Yvonne Pereira trata desse tema nas cartas dirigidas a Divaldo Franco (Franco; Said, 2016).[9] Em carta datada de agosto de 1959, escreve que:

> Dr. Bezerra disse-me tratar-se, essa confusão nos Centros Espíritas, de uma falange das trevas,

---

8. PEREIRA, Yvonne do A.; MENEZES, Bezerra de [Espírito]. **Dramas da obsessão**. 1. ed. Rio de Janeiro: FEB, 1963.
9. FRANCO, Divaldo Pereira; SAID, Cezar B. **Cartas de Yvonne – a amizade entre Divaldo Franco e Yvonne do A. Pereira**. 1. ed. Salvador: LEAL, 2016.

organizadas pelos Jesuítas do espaço para desacreditar o Espiritismo através dos próprios espíritas desavisados. (FRANCO; SAID, 2016, p. 34).

Mais tarde, em março de 1965, quando pedia orientações de como proceder sobre questões envolvendo problemas no Movimento Espírita, diz que, após orar, Dr. Bezerra veio a seu socorro e lhe disse:

> Os espíritas estão sendo chamados a testemunhos decisivos, provando os valores adquiridos. Há mais de um século que o céu derrama sobre eles, em dádivas inestimáveis. Agora é preciso que provem o adiantamento que fizeram. As falanges das trevas investem poderosamente contra os invigilantes. Mas só se afinarão com os que lhes permitirem acesso. É de lei. A Parábola das Virgens Loucas está em plena ação, não somente entre a grei espírita, mas principalmente entre ela. Que a tua lâmpada permaneça acesa, minha filha. (FRANCO; SAID, 2016, p. 90).

O fato é que as "Quatro legítimas verdades" do *Soberanos Senhor das Trevas* e o "Teste tríplice" de Ignotus são tratados desde antes pelos Espíritos superiores, e antes deles, pela Codificação Espírita e, como se é de esperar, pelo Evangelho de Jesus. As fragilidades humanas são conhecidas porque são antigas. Elas parecem não ter mudado em essência ao longo do tempo, mudou sim o perfil daqueles que se dispõe a dar manutenção às ações motivadas pela vingança, pelo ódio, pela revanche. Isto fica muito claro quando, em *Perturbações espirituais*, os adversários do bem narram suas trajetórias e processos de melhoria das técnicas. Diz um dos adversários quando chamado a participar de reunião mediúnica:

Alvaro Chrispino

Hoje formamos um exército de combatentes bem equipados para a batalha, considerando a nossa vantajosa posição fora do corpo. Estamos reunidos em um verdadeiro exército sob comando vigoroso, utilizando das técnicas modernas de sedução e interferência psicológica. Já não avançamos em bando desordenado, como outrora os godos, visigodos e ostrogodos fizeram e lograram conquistar os objetivos a que se propunham. Muitos de nós vivemos o período dos hunos em 376, depois invadimos Roma, em 410, com Alarico[10] (visigodo), por ocasião do inesquecível saque da chamada "cidade sagrada" e fraqueza moral dos cristãos que a dominavam, mudando completamente a política existente. Agora, muito mais experientes e conhecedores dos pontos nefrálgicos dos novos *apóstolos* – sorriu com terrível ironia –, desmantelaremos os seus novos mosteiros e castelos, porém, de dentro para fora.

O orgulho e a presunção, a sede de dominação que remanescem nos diversos chefetes das agremiações cristãs, especialmente aquelas que se dizem construídas sob as luzes do *Consolador* – novamente estertorou com desprezo incomum –, não se manterão de pé, e o novo período da Humanidade será construído sob o temor a Deus, após os sacrifícios dos *fiéis* como antigamente nos circos. O poder de novas crenças dominará a Terra e todos se dobrarão sob a decisão Moisés ou Jesus! (FRANCO; MIRANDA, 2015, p. 83-84).

---

10. O Espírito Victor Hugo informa em sua obra *Sublime expiação* (1973) que Alarico, o visigodo, reencarnou oportunamente como o cardeal de Richelieu e como Jésus Gonçalves, Espírito trabalhador do Movimento Espírita brasileiro. Tal relação é apresentada pelo próprio Jésus Gonçalves em *Amanhecer de uma nova era* (2012, p. 136).

Sobre ovelhas e lobos: alguns desafios do Movimento Espírita

O perfil dos adversários está explícito. São Espíritos dedicados à vingança contra os cristãos e os trabalhadores do bem desde antes. Estão há muitos séculos dedicados a esse ofício. Como informaram sem reservas, estão aprimorando-se ao longo do tempo e desenvolvem *expertise* na arte da perseguição.

Os que se dedicam ao mal se aprimoram e desenvolvem sua *expertise* na arte e no ofício de perseguir, enquanto isso, os que se dizem parte do Movimento Espírita não desenvolvem tanto, visto que ainda se deixam envolver por um emaranhado de fatos e ações que caracterizam mais o passado que deve ser superado do que o futuro que deve nos nortear.

Outra informação relevante trazida pelas diversas comunicações espirituais descritas na obra é a origem desta vingança tão bem delineada. Os "antigos mouros, que também foram *bárbaros*" (Franco; Miranda, 2015, p. 164), perseguidos pelas chamadas guerras santas patrocinadas pelos interesses humanos e rotuladas com motivações religiosas, agora estavam unidos aos judeus, também perseguidos pelos exércitos ensandecidos da dita *Santa Inquisição*. Dessa união resultou um exército numeroso e experiente na ação do mal. Sobre isso, esclarece um benfeitor, conforme narra Manoel Philomeno de Miranda:

> Unindo-se os irmãos muçulmanos e judeus banidos do Ocidente pelas religiões dominantes, que os responsabilizam por crimes que são da criatura humana e não apenas de uma ou outra raça, organizaram-se para o desforço e estão em ação. (FRANCO; MIRANDA, 2015, p. 165).

Ainda em *Perturbações espirituais*, é possível identificar exemplos que podem ser percebidos genericamente dis-

Alvaro Chrispino

seminados no Movimento Espírita atual. Todos os exemplos de ataques, pessoais ou institucionais, apontados aqui, como também os elencados em *Amanhecer de uma nova era*, utilizam-se das fragilidades humanas que nos são próprias, ou, como queiram outros, dos nossos *demônios internos* ou mesmo das nossas *sombras*:

- O caso Eduardo e Iracema (capítulos 4 e 5), envolvidos pela antiga temática da sexualidade, ainda capaz de atormentar as criaturas, que necessitam do diálogo e do enfrentamento para melhor entenderam a temática, buscando caminhos de melhor convívio com essa energia.
- O caso Cenira e Carolina (capítulo 8) representa as divisões internas que surgem e se mantêm no interior das casas espíritas, nem sempre por motivos nobres e, recorrentemente, não enfrentadas com a fraternidade e maturidade que os confrontos exigem.
- O caso de luta pelo poder (capítulos 9 e 14) na busca por cargos que confiram poder e projeção pessoal, deixando transparecer que, passado o tempo, ainda nos deixamos envolver e conduzir por motivações pouco nobres no exercício do bem.
- O caso da Casa Espírita tratada como empresa (capítulo 13), visando ao lucro e projeção, perdendo a simplicidade que deve ser sua marca e afastando os mais necessitados do espaço de esclarecimento, além de valorizar para as funções de trabalho aqueles que possuem mais recursos e posses, tomando o que é secundário por principal.

Ao longo da obra, Manoel Philomeno de Miranda vai enumerando os problemas, suas técnicas de implantação, os *plugues* encarnados que favorecem a instalação, a crítica es-

Sobre ovelhas e lobos: alguns desafios do Movimento Espírita

piritual ao quadro descrito e, por fim, a profilaxia. Vamos tentar, a seguir, apresentar algumas dessas reflexões.

Repetimos práticas antigas quando misturávamos religião e poder e, sem nenhuma cerimônia com o compromisso assumido com o Evangelho Novo, reeditamos equívocos que a História registra como vimos antes. Eis a advertência:

> As dificuldades que assaltavam a Sociedade haviam criado situações conflitantes, uma rede bem tecida de **intrigas e maledicências, grupos hostis uns aos outros**, enquanto se ensinava cordialidade e amor.
>
> [...] As instituições de qualquer porte devem manter **relacionamentos fraternais de sustentação**, a fim de se ampararem nos momentos difíceis, sempre preocupadas em fazer o melhor conforme os ensinamentos do Mestre, **sem as infelizes competições muito ao agrado do *ego* doentio daqueles que as constituem**. (FRANCO; MIRANDA, 2015, p. 127, grifos nossos).

Não satisfeitos com a nossa incapacidade de lidar com questões internas às nossas instituições – declarando plena incompetência para fazer da solidariedade e da fraternidade que se prega algo que se vive efetivamente –, vamos para a praça pública expondo as próprias fragilidades como troféus da insensatez e da imaturidade. Por vezes, folheamos os periódicos espíritas e sem muito esforço encontramos matérias ditas doutrinárias que, despreocupadas da função de esclarecer as massas, portam temas que buscam o confronto com espíritas ou instituições que possuem posições divergentes das suas. Claro, ambos os lados se proclamam detentores da grande bandeira de defesa da chamada *pureza doutrinária*. Incapazes de debater construtivamente a diferença de ideias, atacam pessoas e instituições, e o fazem por meio dos veículos não adequados. Também não é difícil que problemas graves que acontecem no interior das casas espíritas, motivados pela fragilidade humana que nos caracteriza, tomem as páginas dos periódicos e as mídias sociais, tomando proporções que não colaboram para a solução madura deles. A violência do confronto e a difusão dos *escândalos* são de tal ordem que atravessam décadas e atingem gerações sem que exista uma convergência que contribua para a melhoria da qualidade da difusão espírita. Vejamos o que denunciam os benfeitores:

> Ao invés de serem estudados os **problemas em conjunto fraternal**, como recomenda o dever cristão, **alcançavam as páginas dos jornais**, em escandalosas acusações de peculato, de abusos de poder, de apadrinhamento e desvios de verbas, desmoralizando na opinião pública o trabalho de muitos decênios de abnegação e luta. Igualmente pairavam ameaças de processos por parte de alguns dos seus diretores, de intervenção judicial e até mesmo policial.
>
> [...] Quando se atinge esse estado de ânimo, é quase inútil qualquer tentativa de reconciliação, porque cada oponente se oculta no bastião escuro do seu interesse e desloca-se emocionalmente da realidade **para sintonizar com os objetivos inditosos que, no momento, acalenta**. (FRANCO; MIRANDA, 2015, p. 130-131, grifos nossos).

O problema toma proporções mais graves, quase uma patologia das relações sociais, quando comparamos a capacidade que os espíritas possuem para lidar com aqueles desconhecidos que buscam as casas espíritas nos atendimentos

Sobre ovelhas e lobos: alguns desafios do Movimento Espírita

fraternos e que, após exporem suas chagas da emoção ou equívocos graves de condução na vida, recebem atendimentos marcados pela amorosidade, pela fraternidade, pela solidariedade e instruções centradas no conhecimento espírita. Da mesma forma, os Espíritos sofredores e mesmo endurecidos no mal que são acolhidos anonimamente nas reuniões mediúnicas de socorro espiritual dialogam por poucos minutos com os esclarecedores, utilizando-se do acolhimento de médiuns que se entregam voluntariamente a este mister. São demonstrações de extremado exercício de amorosidade e acolhimento. Entretanto, a mesma dinâmica não é demonstrada quando o problema, a dificuldade, o equívoco, o erro, o deslize, a insegurança ocorrem com os companheiros encarnados, para quem a rigidez é implacável, como se estes não fossem humanos e como humanos não estivessem expostos a essas vicissitudes. Temos um amor e um entendimento seletivos, e não priorizamos a Causa Maior quando equacionamos as possíveis decisões em torno dos problemas internos ao Movimento Espírita. Sobre isso, admoestam os benfeitores atentos às nossas dificuldades:

> **Sois gentis** com os desencarnados em aflição que vos visitam, em busca de harmonia e libertação, no entanto, **voltai-vos uns contra os outros como se fosseis chacais esfaimados**, por questiúnculas egoicas [...].
>
> **Resolvei vossas dificuldades pensando na Causa do Bem e não nos interesses que nos amesquinham**, induzindo-nos à preservação dos sentimentos do rancor, do ódio e de todo o seu séquito maléfico. (FRANCO; MIRANDA, 2015, p. 156, grifos nossos).

Se resgatarmos os detalhes da Primeira Parte desta obra, perceberemos que são muitas as semelhanças entre o que se observa no Movimento Espírita e a história das religiões e seus seguidores... Há aí também mais um *pomo de discórdia*, visto que alguns espíritas reconhecem origens católicas nas práticas que criticam, enquanto outros identificam certeiramente traços protestantes, já alguns outros, incluindo os estudiosos das ciências sociais, colocam-nos no chamado *continuum* mediúnico, uma categoria em que estão tradicionalmente as religiões de base mediúnica como o Candomblé e a Umbanda, objetos de estudos mais antigos que os que tratam sobre Espiritismo. Para nós, somos homens e mulheres com longo trajeto de acertos e erros, dispostos a encontrar a felicidade possível usando as ferramentas de que dispomos. Repetimos o que sabemos e resistimos a cuidar das emoções e do que seja espiritual, certos de que encontraremos a busca da felicidade fazendo o que sempre fizemos: satisfazendo as necessidades básicas. Sobre isso, escrevem os *imortais*:

> **Repetem-se as infâmias medievais**, as disputas imperiais para desfrutar o prazer do século e a soberba teológica sempre dominadora. **Não são poucos os discípulos equivocados na seara, mas o Mestre conhece-os e cuidará deles**, sem a necessidade de serem estigmatizados e atirados ao desprezo dos frívolos e zombeteiros (FRANCO; MIRANDA, 2015, p. 158-159, grifos nossos).

11º Desafio:

Desenhar o próprio trajeto rumo à felicidade

Ao final de toda esta viagem pavimentada pelas palavras dos Espíritos-companheiros aos companheiros-espíritas da mesma jornada, esperamos ter despertado o interesse na reflexão acerca do uso do conhecimento espírita para autoiluminação, a fim de que, iluminados pelo Cristo Renovado, possamos escolher melhor entre as opções que a vida nos oferece na arena das oportunidades novas no Movimento Espírita.

Questões como as levantadas ao longo do texto – por Manoel Philomeno de Miranda (as organizações criadas para confrontar os que trabalham pela implantação do Evangelho de Jesus na atualidade), por Cícero Pereira (somos portadores de coroas de fogo ao invés de coroas de louros), por Eurípedes Barsanulfo (coordenando uma organização para espíritas falidos no Mundo espiritual), por Carlos Goiano (sentimento de culpa ao retornarmos às reuniões mediúnicas), por Emmanuel (as prioridades pessoais e as do trabalho espiritual), por Aristides Spínola (a falta de inimigos externos nos leva a lutas internas), por Francisco Spinelli (solicitação

Alvaro Chrispino

de socorro espiritual que não fazemos jus), por José Petitinga (o egoísmo impedindo a união), por André Luiz (falidos apesar de preparados e amparados), por Lins de Vasconcellos (personalismo humano fracionando o trabalho do Movimento Espírita), por Irmão Jacob (trabalho exterior e iluminação interior) e por Guillon Ribeiro (esforço para penetrar nos valores do conhecimento espírita) – levam-nos a crer que necessitamos refletir sobre como temos nos apropriado do conhecimento espírita para a própria transformação e para, em processo de transformação, melhor colaborarmos com o Movimento Espírita, na (nova) oportunidade de servir nas lides do Evangelho.

O 11º Desafio está ligado à formação do trabalhador espírita que, em verdade, dá vida às instituições espíritas e forja o Movimento Espírita sobre o qual falamos até aqui.

Na verdade, o desafio é ver de forma diferente os esforços que cada qual empreende desde antes e seus resultados em face das questões levantadas pelos benfeitores no grande confronto em que estamos envolvidos.

Não é falta de dedicação, de energia, nem de entrega. Talvez seja continuar fazendo o que sempre fizemos ou continuar mirando nas sombras, e não no objeto principal, tal qual no mito da caverna de Platão, em *A república,* e contemporaneamente reapresentado por José Saramago em *A caverna.*

Alexander Balmain Bruce (1831-1899) foi ministro evangélico na Escócia e professor de aspectos de *O Novo Testamento* por mais de 40 anos. A. B. Bruce possui uma obra publicada em 1871, intitulada *O treinamento dos doze,*[1] que se tornou um clássico até os dias atuais, dando direção

---

1. BRUCE, A. B. *O treinamento dos doze.* 1. ed. São Paulo: Arte Editorial, 2005.

Sobre ovelhas e lobos: alguns desafios do Movimento Espírita

à formação de lideranças. A obra apresenta a principal tese de Bruce, que é a importância que Jesus deu à formação dos doze apóstolos. Quando trata dos interessantes temas que envolviam a consolidação dos doze apóstolos na difusão da pregação para os judeus, Bruce realça alguns pontos que podem contribuir com nossas reflexões:

> Tanto a partir de suas palavras, como a partir de seus atos, podemos ver que ele dava muita importância àquela parte de seu trabalho que consistia em treinar os doze.
>
> [...] Se não fosse pelos doze, a doutrina, as obras e a imagem de Jesus poderiam ter desaparecido da memória humana, nada ficando senão uma vaga tradição mítica, sem nenhum valor histórico e de pouca influência prática.
>
> Aqueles de quem tanto dependia, claramente, deviam possuir qualificações muito extraordinárias. (BRUCE, 2005, p. 20-21).

Após isso, traz importante contribuição para nossas reflexões:

> Mas, no tempo de seu chamado, eles eram muito ignorantes, de mente estreita, supersticiosos, cheios de preconceitos judaicos, equívocos e animosidades. **Tinham muito o que desaprender do que era ruim, bem como muito o que aprender do que era bom, e foram lentos, tanto em aprender, como em desaprender.** Velhas crenças que já dominavam suas mentes dificultavam a comunicação de novas ideias religiosas. (BRUCE, 2005, p. 21, grifos nossos).

Parece que Bruce registrou a grande luta que travamos todos os que nos dispomos a ser servidores do Cristo.

Talvez, uma boa proposta de processo de "desaprender" o que é ruim e "aprender" o que é bom seja aquela indicada pela benfeitora Joanna de Ângelis em sua mensagem *Trabalhador espírita*,[2] na qual nos convida, já na abertura, a refletir se nosso contato com o Espiritismo é lúcido e consciente, e se com ele conseguimos perceber o sentido e o significado de nossa existência na Terra. Estudemos a mensagem:

O trabalhador espírita	Questões provocativas
Após o **contato lúcido e consciente** com o Espiritismo, o indivíduo compreende o **sentido** [fim, razão de ser] e o **significado** (valor) da sua existência na Terra.	Tivemos um contato lúcido e consciente com o Espiritismo? E este contato proporcionou sentido e significado para nós?
De imediato, **começa a romper a carapaça do *ego***, descobrindo as formosas oportunidades de crescimento moral e espiritual, **saindo das paisagens limítrofes das paixões inferiores e do seu cárcere**, às vezes, dourado, onde fixou domicílio.	O primeiro passo é romper a carapaça do *ego*, deixando os cárceres que nos aprisionam faz tempo. Logo, o conhecimento espírita deve oferecer luz para dentro de cada qual.
Os interesses anteriormente mantidos, aos quais dava uma relevância exagerada, **lentamente passam a ceder lugar a outros mais profundos e libertadores**, que o encantam, proporcionando-lhe entendimento a respeito da vida e do processo de evolução no qual se encontra situado.	Importante a ideia de que só lentamente os interesses antigos passam a ceder lugares a novos interesses, havendo coabitação dos antigos com os novos no campo das emoções. Não há transformação abrupta.

---

2. FRANCO, Divaldo Pereira; ÂNGELIS, Joanna de [Espírito]. **Vitória sobre a depressão**. 2. ed. Salvador: LEAL, 2014, capítulo 20 – O trabalhador espírita.

Sobre ovelhas e lobos: alguns desafios do Movimento Espírita

O trabalhador espírita	Questões provocativas
As ilusões e os campeonatos da fantasia deixam de ter prioridade na sua agenda de aspirações diárias, em face da compreensão de que é imortal, e todo o projeto orgânico tem por finalidade a superação dos vícios e das más inclinações, essas atávicas reminiscências do período primário por onde transitou.	Devemos perceber que as ilusões e campeonatos da fantasia deixam de ter prioridade, o que não significa que deixam de existir. Eles vão perdendo a intensidade com que participam nas escolhas de cada um.
Uma alegria natural, feita de expectativas felizes, passa a dominar-lhe a *casa mental*, enriquecendo-a de aspirações em torno do belo, do nobre e do edificante.	Para que a alegria natural surja, a mensagem espírita deve ser apresentada com sua capacidade de levar a criatura a *reconceitualizar* o mundo e o homem.
Nesse momento, **descobre a arte e a ciência de servir**, a que não se encontrava habituado, em razão das heranças passadas que o colocavam na postura enferma de querer sempre ser servido.	Enquanto não é tocado pela alegria natural que lhe permite ver o mundo pelas lentes espíritas, tem dificuldade de desenvolver a arte e a ciência de servir.
Contempla **com outros olhos a mole humana e descobre sofrimento onde antes via poder e prazer**, identificando a imensa procissão das almas enfermas espiritualmente com todo tipo de carências: afetivas, morais, espirituais, que as levam ao desespero e à agressividade.	Quando percebe o mundo com as lentes espíritas, deve enxergar diferentemente o que fazem os homens e os grupos sociais. O que deve ser um alerta para os grupos de estudos espíritas e para as reuniões públicas de estudo.
Quanto mais se deixa penetrar pelo conhecimento da doutrina renovadora, mais acentuados se fazem os sentimentos de amor e de solidariedade, estimulando-o **a participar do banquete especial de cooperação em favor de melhores condições de vida e de diminuição das aflições vigentes.**	O conhecimento de superfície não faculta essa mudança essencial. A instrução espírita tem dificuldade de proporcionar essa percepção do mundo. Só o estudo refletido oferece condições de desenvolver amor e solidariedade.

Descobre que no Centro Espírita encontra-se a **sociedade miniaturizada**, uma célula de relevante significado, e tudo quanto ali seja realizado estará contribuindo em favor do conjunto humano fora das paredes em que se hospeda.

O Centro Espírita, na sua condição de escola de educação de almas, de hospital, de oficina e de santuário, no qual o amor se expande, passa a constituir-lhe o lugar ideal para **aprender a servir**, cooperando em favor da iluminação das consciências e da expansão do bem em toda a Terra.

Esta é uma "rua de mão dupla". Aprende que o trabalho realizado na Casa Espírita contribui com a transformação social, como aprende que tudo que vê na sociedade é encontrado também na Casa Espírita. Logo, é um equívoco imaginar que os espíritas não vivem as dificuldades próprias da sociedade atual. Não somos santos no mundo, somos cidadãos em constante esforço para fazer diferente.

Esse treinamento beneficia-o no comportamento doméstico, **tornando-o mais tolerante e afável, comunicativo e jovial, autorresponsável**, descobrindo na família a excelente ocasião de crescimento íntimo, porque está informado de que ali estão reencarnados Espíritos de que necessita para avançar, e não seres angélicos para o seu banquete da felicidade.

Percebidas essas visões do mundo, é esperável que haja alguma conquista ou esforço para tornar-se mais tolerante, afável, comunicativo, jovial e responsável.

Lentamente, nesse indivíduo, nasce o trabalhador espírita.

*

Quando essas etapas, que se iniciam no campo íntimo, são vencidas, modela-se o trabalhador espírita.

Compreendendo que a instituição que frequenta necessita de apoio e de atendimento, passa a ajudar em **pequenas tarefas**, aquelas que nem sempre são percebidas, **treinando humildade e renúncia**.
Não aspira aos cargos de destaque, mas aos encargos indispensáveis à manutenção dos edificantes labores.

Temos aqui o grande contraste: pequenas tarefas ou cargos de destaque? Os conhecimentos técnico e especializado não auferem mais conhecimento espírita nem competências no trato com as criaturas. Essa é uma boa medida para aferir se o trabalhador está efetivamente apto ao trabalho. A escolarização por si só não deve indicar a função na Casa Espírita.

Sobre ovelhas e lobos: alguns desafios do Movimento Espírita

O trabalhador espírita	Questões provocativas
Uma real transformação interior nele se opera. Conhecendo a Doutrina, mais facilmente a informa aos novatos, àqueles que se apresentam por primeira vez na Casa buscando amparo e orientação, proporcionando-lhes um saudável entendimento dos postulados que a constituem.	É isso que a formação do trabalhador deve buscar, e não a recitação das frases espíritas decoradas, nem os estudos de estilo aprimorado sem a essência que lhe dá vida e vigor.
Transforma-se em servidor, procurando ser membro ativo, e nunca apenas observador passivo, que se serve sempre, sem o espírito de cooperação que dignifica o ser humano.	Vejamos o que caracteriza o servidor espírita, que está além do trabalhador. Quantos nas fileiras espíritas poderiam se caracterizar como tal?
Espiritizando-se, equipa-se dos instrumentos de amor e de compreensão, a fim de contribuir eficazmente em favor da sociedade melhor e mais feliz do futuro.	Não está dito que contribuirá consigo mesmo, ou com as ideias pessoais, ou com as rotinas que cria de acordo com as próprias crenças.
Desse modo, candidata-te, onde te encontres, ao serviço do bem, na condição de trabalhador voluntário, esquecido das compensações terrestres e lembrado dos deveres que deves assumir em relação ao teu despertar de consciência espírita.	Somos candidatos ao serviço do bem do próximo como voluntários. Ninguém está obrigado a alistar-se na comunidade espírita. Logo, não há justificativa de recebermos e mantermos trabalhadores que mais se assemelham a descontentes crônicos que a tudo e todos tomam como adversários.
Tudo quanto faças, que o faças com alegria, sem queixas, sempre feliz, de modo que todos aqueles que te recebam a presença levem algo de bom que lhes ofertes e jamais se olvidem do bem que lhes fizeste.	Eis aí um bom termômetro para as atividades espíritas. Como ficariam nossos grupos de trabalho se aplicássemos um "alegrômetro" para medir a taxa de alegria dos envolvidos?

O trabalhador espírita	Questões provocativas
Se fores convocado a posturas administrativas, aos serviços humildes de limpeza ou outros quaisquer, executa-os com o mesmo entusiasmo, sem selecionar quais aqueles que são importantes em relação aos secundários. **Todos os labores têm alta relevância, porque o conjunto é sempre o resultado das diversas partes que proporcionam harmonia.**	Quem e quantos estão em condições de trabalhar na "sombra", longe dos palcos e dos holofotes? Quem se dispõe a trabalhar na atividade-meio, tão necessária ao êxito da atividade-fim, que é a difusão da ideia espírita?
Convidado ao ministério da mediunidade, na condição de instrumentos dos Espíritos, na área da consolação dos desencarnados, na aplicação de passes, na magnetização ou fluidificação da água, na condição de seu psicoterapeuta, na oratória, na elaboração de cursos e de programas, seja em que mister encontres lugar, **trabalha com simplicidade e dedicação, tornando-te útil,** de tal forma que, enquanto estejas reencarnado não seja notado o teu valor, mas depois da tua desencarnação sejas recordado com carinho pelo que fizeste, pelo que deixaste de ternura e de caridade...	Certamente não temos dificuldade no recrutamento de médiuns. Afinal, a tradição infelizmente parece ter colocado estas funções no "topo da pirâmide"! Nossas escolas de educação mediúnica estão preparando médiuns e expositores capazes de servir com simplicidade a fim de se tornarem efetivamente úteis à Causa?
Toda essa sementeira de serviço irá converter-se numa ceifa de luz que te transformará em vitorioso sobre as tendências negativas e os atavismos infelizes. *	Eis a grande advertência: a ceifa de luz que resulta do trabalho nos faz vitoriosos sobre as tendências negativas e o atavismo infeliz que trazemos em nós e que teimamos em deixar viver nas atividades espíritas.

Sobre ovelhas e lobos: alguns desafios do Movimento Espírita

O trabalhador espírita	Questões provocativas
Jesus é o exemplo do mais extraordinário servidor de que se tem notícia. Não bastasse toda a Sua vida de dedicação e renúncia, de ação afetiva contínua, antes de oferecer a vida na cruz, no momento da última refeição com os discípulos, lavou-lhes os pés, a fim de que tivessem algo com Ele, ensinando como se devem portar todos aqueles que se Lhe vinculam pelos fortes laços do amor.	Qual de nós efetivamente aprende com Jesus as práticas de relação humana? Qual de nós seria capaz de "fazer como Jesus fez"?! Qual de nós é capaz de fazer o que cobramos dos demais trabalhadores?
Servir, portanto, é a grande meta da existência de todo aquele que haure o calor e a luminosidade do Espiritismo.	Essa é a grande síntese, o resultado de nossa busca.
Mantém-te vigilante e serve sempre!	

Como se fosse conclusão:
Sobre ovelhas e lobos

Toda união tem um preço: a morte do egoísmo.[1]
José Petitinga

A pós tantos apontamentos sobre questões que nos tocam a todos, pouco há para acrescentar. Vale ressaltar o alerta de Manoel Philomeno de Miranda sobre as ovelhas e os lobos que se misturam no Movimento Espírita:

> A hora exige atenção e cuidado, **ante o número expressivo de lobos disfarçados de ovelhas**, como vozes mansas e venenos nas palavras, que aparentem humildade forçada e são possuidores de ira incontrolável. (FRANCO; MIRANDA, 2015, p. 18).

Problemas sempre os teremos, visto que o Movimento Espírita é ação humana, a questão é estar atento sobre os motivos que causam os problemas que vivemos.

Os *lobos* disfarçados de *ovelhas* são aqueles que, estando no Movimento Espírita, fazem movimento das peças do tabuleiro das relações com interesse pessoal em primeiro lugar; buscam marcar posições de poder, fazendo com que suas

---

1. FRANCO, Divaldo Pereira; MIRANDA, Manoel Philomeno de [Espírito]. **Transtornos psiquiátricos e obsessivos**. 1. ed. Salvador: LEAL, 2008, p. 309.

Alvaro Chrispino

ideias sejam hegemônicas; implantam práticas e rotinas exóticas que levam seus nomes para se fazerem conhecidos e reconhecidos como especiais; são severos para os companheiros e lenientes nas próprias ações; usam dos debates de ideias que a todos deveriam enriquecer para o ataque personalizado a pessoas e grupos que pensam diferente; organizam-se em grupos específicos para se fortalecerem na consolidação de ideias, posições e interesses; são recorrentemente agentes de escândalos, entre outras práticas.

Ao elencarmos as características dos *lobos* disfarçados de *ovelhas*, não estamos negando a necessidade de o Movimento Espírita ser uma grande arena de debate de ideias, onde o processo de debate seja ético e respeitoso, que os participantes considerem que o processo é tão importante quanto o resultado, que a motivação seja a Causa Geral, não a causa própria, e que nem toda diferença de pensamento e/ou prática é desvio de finalidade doutrinária, visto que pode ser próprio do local de partida de cada qual em direção ao Evangelho de Jesus pela ótica espírita.

Os *lobos* disfarçados de *ovelhas* querem a grandiosidade da experiência da *ressurreição* sem viver a crucificação individual e única, que é a culminância do processo de exemplificação cotidiana. Sem *crucificação pessoal* não há *ressurreição singular*. A *crucificação* é o bom combate na lide espírita centrado em (i) ética e respeito às ideias originais da Codificação e às pessoas também em processo de crescimento, e (ii) no esforço pessoal e verdadeiro para domar as más inclinações. A *ressurreição singular* é o encontro com a própria consciência que registra a satisfação e a alegria do dever retamente cumprido para com a Causa.

Sobre ovelhas e lobos: alguns desafios do Movimento Espírita

Uma reflexão deve ser dirigida de cada qual para si mesmo: somos *ovelhas* ou somos *lobos* no Movimento Espírita? Se ainda somos *lobos*, deixamo-nos levar pelas forças de nosso passado que ainda teimam em existir, apesar de nossos maiores e melhores esforços de transformação. Se somos *lobos*, ou nos comportamos como tal esporadicamente, ainda imperam em nós algumas *sombras* ou fragilidades às quais devemos dedicar tempo e esforço de superação na velocidade própria.

Certamente, precisamos desaprender a ser *lobos* para aprendermos a ser *ovelhas*. Somos lentos na arte de desaprender e lentos também no ofício de aprender, e por conta dessa lentidão e na impossibilidade de enfrentarmos muitas frentes de transformação, escolhamos uma, a primeira de uma série. Propomos que a escolha recaia sobre o egoísmo, tendo em vista o que nos advertem os Espíritos:

> Um grande inimigo que necessita ser combatido com eficiência é o egoísmo, essa herança infeliz do processo da evolução antropológica, que retém o indivíduo em algemas fortes (FRANCO; MIRANDA, 2015, p. 157).

Quando a queda do egoísmo começar a ser percebida, começaremos a colher os frutos desses esforços nas relações que mantemos com os companheiros, na qualidade das interpretações e intercâmbios de aprendizado, no trato com aqueles que buscam a Casa Espírita para consolo geral.

O egoísmo é da ordem da *sombra,* simples e instintivo, enquanto a visão ofertada pelo Cristo é de ordem da *luz*, complexa e em processo, apresentando múltiplas visões acerca dos homens e demonstrando que a transição de ordens – da *sombra* para a *luz* – é um processo que parte do egoísmo

Alvaro Chrispino

instintivo para o altruísmo voluntário e exercitado. Considerando-se que é o "predomínio da *sombra* que paira nessa demorada infância psicológica dos indivíduos como pessoas e das massas como agrupamentos" (Franco; Ângelis, 2000, p. 25),[2] o grande esforço no serviço do Cristo se inicia no exercício da ampliação da maneira de ver a si mesmo, o outro e o mundo a nossa volta.

O combate ao Egoísmo nos permitirá perceber o outro como irmão em processo de crescimento e sujeito às mesmas dificuldades que nós, e aí lembraremos que é:

> Indispensável que os espíritas, compreendendo o que vem ocorrendo, unam-se, desculpem-se, permitam-se o direito de ser imperfeitos em processo de aprimoramento, atraindo para suas fileiras os desencarnados que ora se lhes apresentam como inimigos, de modo que, não muito distante, esteja o *Reino dos Céus* instalado na Terra e **todas as ovelhas se encontrem sob o cajado seguro do seu único Pastor**. (FRANCO; MIRANDA, 2015, p. 165-166, grifos nossos).

E não temos por que duvidar dessa presença e ação de Jesus nas nossas vidas e nas nossas atividades, visto que, quando assumimos o compromisso de trabalhar pelo Evangelho Renovado pela ótica espírita, compactuamos com as forças do bem, e, quando mergulhamos no corpo, a última frase que ouvimos foi: "O teu compromisso com Jesus é formal, e se trata de um contrato sério para todos os teus dias atuais e futuros" (Franco; Ângelis, 2011, p. 195).

---

2. FRANCO, Divaldo Pereira; ÂNGELIS, Joanna de [Espírito]. **Jesus e o Evangelho à luz da psicologia profunda**. 1. ed. Salvador: LEAL: 2000, capítulo 2 – O Reino.

Sobre ovelhas e lobos: alguns desafios do Movimento Espírita

Não há dúvida de que, assim como o Evangelho triunfará, o Espiritismo cumprirá o papel que se espera dele na esteira do tempo. Esperemos que seja pelas ações e decisões dos espíritas, e não pelas intervenções corretivas da Misericórdia de Deus, apesar dos espíritas.

Honremos, desta vez, o contrato que foi renovado pela Misericórdia de Deus.

REFERÊNCIAS

ABREU, Canuto. **Bezerra de Menezes**. São Paulo: Edições FEESP, 1996.

ALVES, Rubem. **Protestantismo e repressão**. 1. ed. São Paulo: Ática, 1979.

_____. **Religião e repressão**. 1. ed. São Paulo: Edições Loyola, 2005.

ARRIBAS, Célia da Graça. **Afinal, espiritismo é uma religião? A doutrina espírita na formação da diversidade religiosa brasileira**. Dissertação de mestrado. Programa de Pós-graduação do departamento de sociologia da Faculdade de Filosofia, letras e Ciências Humanas da Universidade de São Paulo, 2008.

AUBRÉE, Marion; LAPLANTINE, François. **La table, le Livre et les Esprits**. Éditions Jean-Claude Lattés, 1990.

JANUS. **O Papa e o Concílio**. São Paulo: Livraria Acadêmica Saraiva, 1930.

BOURDIEU, Pierre. **A economia das trocas linguísticas: o que falar quer dizer**. São Paulo: Editora da Universidade de São Paulo, 1996.

_____. **Questões de sociologia.** Lisboa: Edições Sociedade Unipessoal Ltda., 2003.

BRUCE, A. B. **O treinamento dos doze.** 1. ed. São Paulo: Arte Editorial, 2005.

CALDWELL, Taylor. **O grande amigo de Deus – a história de São Paulo.** Rio de Janeiro: Record, 2014.

CAMPENHAUSEN, Hans von. **Os pais da Igreja: a vida e a doutrina dos primeiros teólogos cristãos.** Tradução de Degmar Ribas. 1. ed. Rio de Janeiro: CPAD, 2005.

CAVALCANTI, H. B. *O projeto missionário protestante no brasil do século 19: comparando a experiência presbiteriana e batista.* In: **Revista de Estudos da Religião** – REVER, n. 4, 2001, p. 61-93.

CHALMERS, Alan F. **O que é ciência afinal?.** 1. ed. São Paulo: Brasiliense, 1993.

CHIQUETE, Daniel. **Carta a los gálatas.** Miami (EUA): Sociedades Bíblicas Unidas, 2009.

CHRISPINO, Alvaro. **Aos espíritas.** 1. ed. Salvador: LEAL, 2005.

_____. *Adoradores da Palavra.* In: **Reformador**, n. 1.984, ano 112, maio de 1994. Rio de Janeiro: FEB, p. 10-11.

_____. *O perfil da produção acadêmica brasileira sobre o Espiritismo.* In: **Reformador**, n. 2.104, ano 122, julho de 2004. Rio de Janeiro: FEB, p. 39-41.

_____. **Palavra aos espíritas.** 1. ed. Brasília: FEB, 2014.

Sobre ovelhas e lobos: alguns desafios do Movimento Espírita

CHRISPINO, A.; TORRACCA, J. F. *O perfil dos espíritas gaúchos a partir dos Censos de 2000 e 2010.* **A Reencarnação,** v. LXXX, p. 54-71, 2015.

DURANT, Will. **História da civilização, vol. III – César e Cristo.** Rio de Janeiro: Editora Record, 1971.

ECHEVERRIA, Javier. **Introdução à metodologia da Ciência.** Coimbra, Almedina, 2003.

_____. **Filosofia de la Ciência.** Madrid: AKAL, 1998.

FARIAS, Luiz Antonio C.; BECCENERI, Leandro B.; LONGO, Flávia V.; CHIROMA, Livan. **Tão ricos e tão escolarizados? O perfil sociodemográfico dos espíritas no Brasil.** Campinas, SP: Núcleo de Estudos de População "Elza Berquó". Textos NEPO 80: Unicamp, 2017.

FESTINGER, Leon. **Teoria da dissonância cognitiva.** 1. ed. Rio de Janeiro: Zahar Editores, 1975.

FESTINGER, L.; RIECKEN, Henry W.; SCHACTHER, Stanley. **When prophecy fails:** a social and psychological study of a modern group that predicted the destruction of the world. 1. ed. University of Minnesota Press, 1956.

FRANCO, Divaldo Pereira [por diversos Espíritos]. **Sol de esperança.** 5. ed. Salvador: LEAL, 2016.

FRANCO, Divaldo Pereira; PEREIRA, Yvonne do Amaral [Espírito]. *Doutrina ímpar.* In: **Compromissos de amor.** 1. ed. Salvador: LEAL, 2014.

FRANCO, Divaldo Pereira; MENEZES, Bezerra de [Espírito]. **Compromissos iluminativos.** 1. ed. Salvador: LEAL, 1991

FRANCO, Divaldo Pereira; ÂNGELIS, Joanna de [Espírito]. **Atitudes renovadas.** 1. ed. Salvador: LEAL, 2009.

_____. **Ilumina-Te.** 1. ed. Catanduva: InterVidas, 2013.

_____. **Jesus e o Evangelho à luz da psicologia profunda.** 1. ed. Salvador: LEAL: 2000.

_____. **Jesus e vida.** 1. ed. Salvador: LEAL, 2007.

_____. **Libertação do sofrimento.** 2. ed. Salvador: LEAL, 2016.

_____. **Liberta-te do mal.** 1. ed. Santo André: EBM, 2011.

_____. **Momentos de harmonia.** 1. ed. Salvador: LEAL, 1991.

_____. **No rumo da felicidade.** 1. ed. Santo André: Editora EBM, 2000.

FRANCO, Divaldo Pereira; MIRANDA, Manoel Philomeno de [Espírito]. **Nos bastidores da obsessão.** 1. ed. Rio de Janeiro: FEB, 1970.

_____. **Amanhecer de uma nova era.** 1. ed. Salvador: LEAL, 2012.

_____. **Perturbações espirituais.** 1. ed. Salvador: LEAL, 2015.

_____. **Sexo e obsessão.** 1. ed. Salvador: LEAL, 2002.

_____. **Tormentos da obsessão.** 1. ed. Salvador: LEAL, 2001.

_____. **Transição planetária.** 1. ed. Salvador: LEAL, 2010.

_____. **Transtornos psiquiátricos e obsessivos**. 1. ed. Salvador: LEAL, 2008.

_____. **Trilhas da libertação**. 1. ed. Rio de Janeiro: FEB, 1996.

FRANCO, Divaldo Pereira; SAID, Cezar B. **Cartas de Yvonne – a amizade entre Divaldo Franco e Yvonne do A. Pereira**. 1. ed. Salvador: LEAL, 2016.

FRANCO, Divaldo Pereira. CARVALHO, Vianna de [Espírito]. **Espiritismo e vida**. 1. ed. Salvador: LEAL, 2009.

FRANCO, Divaldo Pereira; HUGO, Victor-Marie [Espírito]. **Os diamantes fatídicos**. 1. ed. Salvador: LEAL, 2005.

_____. **Sublime expiação**. 1. ed. Rio de Janeiro: FEB, 1973.

_____. **Párias em redenção**. 1. ed. Rio de Janeiro: FEB, 1971.

FREI BETTO. **Francisco quer a Igreja fora das igrejas**. Coluna Espiritualidade. 25 nov. 2017. Rio de Janeiro: O Globo. Disponível em: <https://oglobo.globo.com/sociedade/religiao/francisco-quer-igreja-fora-das-igrejas-22111721>.

GEERTZ, Clifford. **Observando el Islam**. 1. ed. Paidós Ibérica: Barcelona, 1994.

GIUMBELLI, Emerson. **O cuidado dos mortos: uma história da condenação e legitimação do espiritismo**. 1. ed. Rio de Janeiro: Arquivo Nacional, 1997.

GUTHRIE, Donald. **Gálatas – Introdução e comentários**. São Paulo: Edições Vida Nova, 2014.

HAWTHORNE, Gerald F.; MARTIN, Ralph P.; REID, Daniel G. (Org.) **Dicionário de Paulo e suas cartas**. São Paulo: Vida Nova; Paulus; Loyola, 2008.

HENDRIKSEN, William. **Gálatas**. Michigan: Libros Desafio, 2010.

HOUTART, François. **Sociologia da religião**. 1. ed. São Paulo: Ática, 1994.

JAMMER, Max. **Einstein e a religião: física e teologia**. Rio de Janeiro: Contraponto, 2000.

JACOB, César R.; HEES, Dora R.; WANIEZ, Philippe; Brustlein, Violette. **Atlas da filiação religiosa e indicadores sociais no Brasil**. Rio de Janeiro, RJ: Editora PUC-Rio; São Paulo, SP: Loyola, 2003.

KARDEC, Allan. **O Evangelho segundo o Espiritismo**. 93. ed. Edição histórica. Brasília: FEB, 2013. Tradução de Guillon Ribeiro.

_____. **Revista Espírita – jornal de estudos psicológicos**. Ano oitavo, outubro de 1865. 1. ed. Brasília: FEB, 2008.

_____. **Obras póstumas**. 1. ed. Brasília: FEB, 2005. Tradução de Guillon Ribeiro.

KNELLER, George F. **A ciência como atividade humana**. 1. ed. Rio de Janeiro: Zahar, 1980.

KREMER, Ruy. **Paulo, um homem em Cristo**. 1. ed. Brasília: FEB, 2011.

LEVINE, Robert. **The power of persuasion – how we're bought and sold**. John Wiley & Sons, 2003.

LEWGOY, Bernardo. *A contagem do rebanho e a magia dos números: notas sobre o espiritismo no Censo de 2010*. In: TEIXEIRA, Faustino; MENEZES, Renata (Orgs.). **Religiões em movimento – o Censo de 2010**. 1. ed. Petrópolis: Editora Vozes, 2013.

LOPES, Hernandes Dias. **Gálatas: a carta da liberdade cristã**. São Paulo: Hagnos, 2011.

MACHADO, Ubiratan. **Os intelectuais e o espiritismo**. Rio de Janeiro: Lachâtre, 1997.

MAFRA, Clara. *O que os homens e as mulheres podem fazer com os números que fazem coisas*. In: TEIXEIRA, Faustino; MENEZES, Renata (Orgs.). **Religiões em movimento – o Censo de 2010**. 1. ed. Petrópolis: Editora Vozes, 2013.

MORRIS, Leon. **I Coríntios – introdução e comentário**. 1. ed. São Paulo: Edições Vida Nova, 2005.

MYRDAL, Gunnar. **Objectivity in social research: the 1967 Wimmer Lecture, St. Vincent College, Latrobe, Pennsylvania**. 1. ed. New York: Pantheon, 1969.

ORO, Ari Pedro; URETA, Marcela. **Religião e política na América Latina: uma análise da legislação dos países**. Horiz. antropol., Porto Alegre, v. 13, n. 27, jun. 2007.

ORTIZ, Renato. **A morte branca do feiticeiro negro**. São Paulo: Brasiliense, 1991.

OWEN, Robert D. **Região em litígio**. 1. ed. Rio de Janeiro: FEB, 1982.

PALHANO JÚNIOR, Lamartine. **Aos gálatas: a carta da redenção**. Niterói: Lachâtre, 1999.

PEREIRA, Yvonne do Amaral; MENEZES, Bezerra de [Espírito]. **A tragédia de Santa Maria**. 5. ed. Rio de Janeiro: FEB, 1957.

_____. **Dramas da obsessão**. 1. ed. Rio de Janeiro: FEB, 1963.

_____. **Nas voragens do pecado**. 1. ed. Rio de Janeiro: FEB, 1960.

PEREIRA, Yvonne do Amaral; CHARLES [Espírito]. **O cavaleiro de Numiers**. 1. ed. Rio de Janeiro: FEB, 1973.

_____. **O drama da Bretanha**. 1. ed. Rio de Janeiro: FEB, 1973.

POHL, Adolf. **Carta aos Gálatas**. Curitiba: Editora Evangélica Esperança, 1999.

REICHENBACH, Hans. **Experience and prediction**. 1. ed. Chicago: University of Chicago Press, 1938.

RIBEIRO, Júlio Cezar G.; RIBEIRO, Guillon [Espírito]. *E depois?!...* In: RIBEIRO, Júlio Cezar G.; SILVA, Maria de Lourdes C. **Jornada de amor**. 1. ed. Vila Velha: Casa Espírita Cristã, 1982.

_____. *Formação de equipe*. In: **Reformador**, n. 1.772, ano 94, novembro de 1976, p. 30. A mensagem foi psicografada em reunião pública da Casa Espírita Cristã, em Vitória – ES, no dia 5 de julho de 1970.

_____. *Tarefas*. In: **Reformador**, n. 1.773, ano 94, dezembro de 1976. Rio de Janeiro: FEB, p. 7. A mensagem foi psicografada em reunião pública da Casa Espírita Cristã, em Vitória – ES, no dia 19 de agosto de 1969.

ROBERTSON, A. T. **Épocas na vida de Paulo – um estudo do desenvolvimento na carreira de Paulo**. Rio de Janeiro, JUERP, 1982.

SAHLINS, Marshall. **Ilhas de história**. Rio de Janeiro: Zahar, 1990.

SAVIANI, Demerval. **Educação brasileira: estrutura e sistema**. São Paulo: Autores Associados, 1996.

SILVA, Fábio L. da. **Espiritismo: história e poder (1938-1949)**. Londrina: EDUEL, 2005.

STOLL, Sandra Jacqueline. **Entre dois mundos: o Espiritismo da França e no Brasil**. São Paulo, tese de doutorado em antropologia USP, 1999.

_____. **Espiritismo à brasileira**. São Paulo: EDUSP; Curitiba: Editora Orion, 2003.

TEIXEIRA, Faustino; MENEZES, Renata (Orgs.). **Religiões em movimento – o Censo de 2010**. 1. ed. Petrópolis: Editora Vozes, 2013.

XAVIER, Francisco Cândido; LUIZ, André [Espírito]. **Libertação**. 13. ed. Rio de Janeiro: FEB, 1987 [1949].

_____. **Os mensageiros**. 38. ed. Rio de Janeiro: FEB, 2002 [1944].

XAVIER, Francisco C.; EMMANUEL [Espírito]. **Paulo e Estêvão**. 1. ed. Brasília: FEB, 2012.

_____. **Vinha de luz**. 28. ed. Brasília: FEB, 2015 [1952].

_____. *Prioridades*. In: **Reformador**, n. 5, ano 92, maio de 1974. Rio de Janeiro: FEB, p. 14-15.

Alvaro Chrispino

XAVIER, Francisco C.; IRMÃO JACOB [Espírito]. **Voltei.** 5. ed. Rio de Janeiro: FEB, 1972 [1948].

XAVIER, Francisco Cândido; IRMÃO X [Espírito]. **Contos desta e doutra vida.** 1. ed. Rio de Janeiro: FEB, 1964.

XAVIER, Francisco C.; VIEIRA, Waldo; LUIZ, André [Espírito]. **Sexo e destino.** 1. ed. Rio de Janeiro: FEB, 1963.

XAVIER, Francisco Cândido [por diversos Espíritos]. **Instruções psicofônicas.** 1. ed. Rio de Janeiro: FEB, 1955.

Anotações

Anotações

Este livro foi impresso na
LIS GRÁFICA E EDITORA LTDA.
Rua Felício Antônio Alves, 370 – Bonsucesso
CEP 07175-450 – Guarulhos – SP
Fone: (11) 3382-0777 – Fax: (11) 3382-0778
lisgrafica@lisgrafica.com.br – www.lisgrafica.com.br